大展好書 好書大展

大展好書 好書大展

超現實心靈講座

19

仙道奇蹟超幻像

高藤聰一郎／著

大展出版社有限公司
DAH-JAAN PUBLISHING CO., LTD.

目錄

前言　一切咒術、超能力的根源力量〈超幻像〉

第一章　從圓光視開發著手為超幻像紮穩根基

前言

一切咒術、超能力的根源力量〈超幻像〉

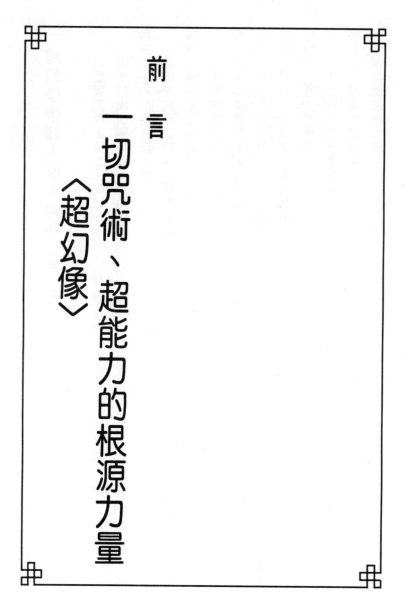

超幻像帶領人進入神秘世界

只要我們以正確方法瞑想，不久即可見到空無一物的空間出現鮮艷的光芒。印度的瑜伽稱這種光芒為查庫拉，中國仙道名為丹光，西洋魔術師稱為奧斯都光。雖然名稱不一，但均指同一物。

這種光只有在閉眼瞑想時才會看到，所以常稱為內部光（inner light），但隨著狀況的持續，過一會兒當你睜開眼睛，也好像在現實空間裡看到鮮艷光芒。

如果能更進一步控制意念，即可見到依此人意識所呈現的文字、圖形、人物、風景等各種幻影。如果實施者力道更深，也可使他人看見此物。

例如，作者就曾利用這種光芒，在現實空間以意識描繪十、一、△、○等圖形，結果不僅自己看見，連周圍的人也都看見了。這是一種幻想的光景，在空無一物的微暗空間，光記號咻——地稍縱即逝。

不但如此，作者還會使用這種方法，在衆人的觀看下，顯現出鮮艷的光球或光帶，有時甚至使人體或物體出現。

運用此超能力最重要的是意識集中，所以，不要使用得太過頻繁。實際上，有時候出現只有上半身，有時出現全身顯耀光芒的人像。

當然，此光活用法並非只限於此，超能力的領域相當寬廣。例如，發自人體的神秘之光、氣，就和此光有密切關係，所以，如果能夠靈巧地運用氣，才能自由自在地控制光。

作者也曾經利用此方法，使氣從指尖延伸而呈直線狀、長劍狀、圓形狀、漩渦狀等形狀出現，有時甚至和弟子一起互相從手指發出氣劍，就像在練功一樣。

有時我會運用意識力，使對方伸展出來的氣劍彎曲，有時在對方頭上運氣，使對方頭上開出光環花等奇妙的圖案。

對於毫無經驗的人而言，這種說詞有點荒誕，事實上只要詳讀本書，並練習正確方法，任何人均可能達到我所經歷的境界。

若能善用氣的控制方法，則可使實用價值大大提升。例如，可以藉由氣的形或色之異常，判斷疾病部位或狀態，甚至治療疾病。

除此之外，還可運用此技巧看見他人意識之光影，透視對方心理。

雖然呈現出來的光影稍縱即逝，但在這瞬間即可掌握各種形狀，例如，格子狀變成花形這種瞬間呈現的巨體形象。

這時詢問對方，大致上是和這個人有關的事物。當然，有時候連本人也不清楚，這是由於人不注意的潛在意識產生的影像。

依作者經驗，看見喜歡花的人，即可見到花的光環，看見與編輯有關的人，即可看見稿紙或筆樣的光形從他肩膀處浮現，反正只要和這個人的意識有強烈關係者，都會顯示出光影。

既然看得見人的潛在意識，當然也見得到超自然現象，有時甚至比通靈者看得還淸楚，因為它和一般超自然現象不同，是以微光或亮光影像出現。

利用這種方法，你即可意識到身上戴有寶石、裝飾品的人在你身邊，或者當你到野外時，也可看見與你有因緣物體的光影。這種方法的正確性不下於一般所謂的心理分析。

另外，作者在ESP通信這種超常態遠離感覺的分野或透視、念動開發方面，也利用這種方法，結果超乎想像的好。

即使說超幻像的應用範圍極廣，能應用在一切超能力上也不為過，所以希望開發超能力的人，應該先從開發超幻像著手。

控制超能量光芒的方法

現在科學還無法正確解釋這種光到底是什麽，對於人類而言，這也許是屬於未開發、未

知意識領域的超常能量光芒。當然，其中也有像氣一樣，稍微能以科學方法掌握的部分，但從整體看來，能夠以科學掌握的只不過是其中一小部分而已。

作者接觸到這種像謎一樣的光，始於中國仙道一行中。一開始忽隱忽現，從某時期開始才像現實般的東西，現在我不僅能見到這種光，還像前述一樣能夠自在地控制、自由運用。

中國仙道稱此光為丹光，即由丹田發出光芒的意思。據仙道古書記載，丹光是在持續施行小周天之術後，隨著練氣而出現的光芒。

作者長期實行小周天，並在過程中實際見到此光。一開始只是一瞬間，而且發光程度不大，但隨著功力加深，不但形狀漸大，光芒也漸亮，而且持續時間加長，能夠以意識自由控制。

有趣的是，此光有幾種不同部分，最初看到的是深藍光芒，只要一集中意識就可以看見相當大的光芒，而且宛如一個生命體。

後來隨著當時身體狀態與場所不同，可以看見各種顏色光芒。例如，集中意識於腹部、太陽神經叢，使陽氣（帶熱的氣）強烈產生，便可看見紅色光。

其中最有趣的是白色（正確說法應該是接近銀色）光。還有二種出現法，其中一種是像藍色光一樣，出現某種程度光芒，這在瞑想深的時候經常出現，在黑暗處愈看愈亮。

另外一種是，一瞬間出現鮮艷的銀色光點，好像看見夜空星辰一般，雖然小，但非常亮，有時睜開眼睛仍看得到。

一開始只聚精會神地看丹光，習慣之後就可以運用自如了。

從那時候開始，我心中就湧現這種光的本體是什麼的疑問，於是開始從書本找尋答案，起初從仙道著手，接著閱讀有關巫術、魔術、密宗等書籍，並且參考生理學、心理學等相關書籍。

在尋找答案的過程中，逐漸了解其本質，同時稍微理解仙道之外的利用法。

仙道以此光凝縮練仙丹，最後製造出稱為陽神的不死之身。印度巫術正好與仙道相反，儘量將此光擴大，製造內部世界，並置身其中。經過作者實際體驗，發現兩者均有可能。至此，光的應用範圍更大了。

最後具有決定性影響的是，西洋魔術書（例如拔多拉的『超自然現象入門』、『魔法入門』，現已絕版）以及人類學者卡爾洛斯・卡斯坦塔的咒術連載。

這些書舉出不少利用生體發出奇妙光芒練習各種咒術的實例，其利用法的多采多姿，非仙道或巫術所能比擬。當然，各別目標不同，不能單純加以比較，只不過對於這種能力的開發，有了一個指針。

從此之後，作者在控制光影上下了很大工夫，當然，也參考各種咒術。

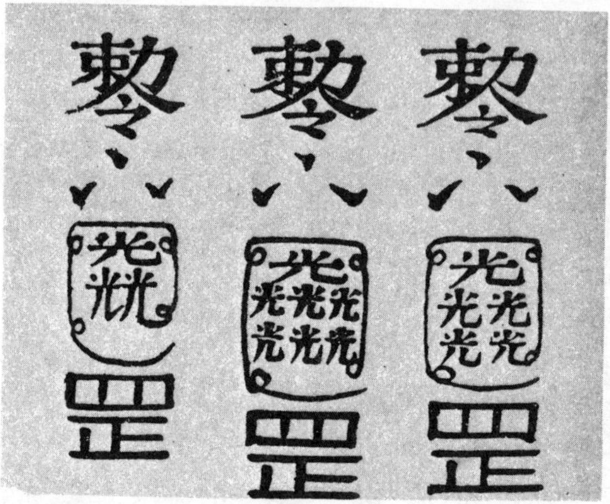

利用圓光法使用符咒之例。將這些畫在白紙周圍，然後邊燒邊唸咒文，並看著紙的中心。

在中國有堪與西洋魔法匹敵的符咒（請參照拙著『秘法！超級仙術入門』），以及得知常人無法了解秘密的圓光法（與丹光不同）。

在此略述一二以供參考。所謂圓光法，就是在白紙周圍畫上咒符或畫，然後邊唸咒文邊燒符，眼睛直視中央的咒法。這時，當中會出現白光或漩渦狀空間，並像水晶球般映出自己想知道的事。

其實在白紙上使光出現，還不算技術高超，真正功夫深的人，能夠使白光清楚顯現在牆壁或空無一物的空間，作者就曾經參考他們的方法，並且試著練習使這種奇妙白光出現。

除此之外，還嘗試密宗的觀想法、西洋魔術及超自然現象秘典中的氣視開發法等，最後才形成作者獨自的內部光開發法。當然，這並非閉門造車，而是經過衆人反覆實驗得到的結果。

經過長期研究結果，終於完成使用內部光訓練法體系，作者稱之為〈超幻像開發法〉。

超幻像一詞為作者獨創，也只有作者以此當做神秘行為的名稱（超幻像一詞也用在教育學上，為監督之義，作者的超幻像與此無關）。

為什麼不使用現有名稱，如氣學、查庫拉、丹光等等呢?因為這些名稱範圍過於狹窄，無法充分表現出作者的超幻像體系。

對作者而言，超幻像不僅於此而已，更發展成包含各種內部光應用的體系。

超幻像開發法及應用

此處所說的超幻像，其特徵是徹底利用仙道及中國醫學中所謂的「氣」，這一點與只以印象法、觀想法實施的咒術不同。如果學習已到深入階段，其實差不多相同，但因為開始著眼點不同，所以初學者訓練還是必須釐清觀念。

那麼，超幻像開發法如何進行呢?在實際練習前，先向各位簡述大綱。

首先，超幻像的入門必須從學習看丹光開始，看不見丹光就談不上超幻像訓練。

丹光就是在瞑想時看見光，相當於印度巫術的查庫拉，但本書與印度使用方法完全不同，所以還是使用「內部光」一詞。

還有一個名詞必須牢記，那就是「後光」，後光與內部光相反，它是萬物向外界發出的一種不可視光芒（經過訓練的人當然看得到），本書也採用後光開發法，讀者將它視為一種氣也可以，或稱「圓光」。

這二種不可視的光並非超幻像之物，超幻像是使用這二種光而使其他各種事物出現的狀態。說得明白一點，內部光與後光開發只是進入超幻像的預備訓練而已，並非實際內容。

所以超幻像訓練的步驟是，先進行內部光視、後光視開發（準備階段），接著進入本行，最後才深入各種應用法。

這麼說好像挺難的，其實實際進行起來並不如想像困難，倒是訓練必備的使氣強化比較棘手，讀者可自行參照前者（『秘法，超級仙術入門』、『驚異超人氣功法』等），個別進行強化氣的訓練。

以上為超幻像之要素，以下則進行細部解說，描繪施行體系的大綱。

■圓光視開發法與應用

這和「超幻像開眼法」技巧有密切關係。所謂開眼法就是睜開眼睛的狀態也能看見超幻像的技巧，熟練之後也能使他人見到映像。

其基礎便是圓光視開發法。方法有好幾種，從不需任何道具，至使用色紙、後光鏡等各種方法都有，本書均一一介紹。

另外，還有「圓光控制法」的應用，這已經超過單純圓光視的技巧，將一併於第三章「在虛空中使光印象出現的開眼法技巧與應用」說明。

■內部光開發法

這與「超幻像閉眼法」技巧有密切關係。所謂閉眼法，就是閉眼狀態下看見超幻像的方法，為超幻像的最基礎，完全不用道具。

如前所述，這二種訓練並不是超幻像的內容，只是預備訓練而已，請別忘了。

依作者經驗，圓光視開發比內部光視開發簡單，所以本書先談圓光視開發法。如果依照這種順序不太能得到效果，則可能是此人有相反傾向，建議你從內部光視開發訓練著手。

■超幻像開發法

學會了以上二種光的看法後，最後達到超幻像開發階段。

超幻像著重開眼法（在後光視的延長線上）及閉眼法（在內部光視的延長線上）二種技巧。開眼法比閉眼法困難，並非指技巧上的困難，而是使現象在現實空間出現的氣威力及意識集中很不容易。

因此，本書特比較難的開眼法超幻像訓練（第三章）及圓光視開發訓練（第一章）分開，而將內部光視開發法及閉眼法的超幻像訓練歸納在同章（第二章）。

只要你熟練閉眼法、開眼法二種技巧，就能擁有魔術師的能力。

例如像筆者一樣，能在空無一物的全暗空間使鮮艷閃光出現，並且映出△、×、○等各種圖形或記號，或者調節從自己手中放出的內部光，形成光劍或其他各種物體形狀。當然，不但自己看得見，也要讓同席者看見才算達成目的。

能夠達到此階段的人，便可進入第四章（及第五章）應用法。本書介紹各種人物，譬如想深入仙道的人、想應用在魔術或密宗上的人，以及單純想開發超能力的人等各式各樣的應用。當然，也可以什麼都不做，只依自己興趣選定訓練內容。以下就概述本書內容的大綱提供各位參考。

①以光映像看見對方意識的方法，相當於超能力所說透視精神感應的一部分。

②以光映像看出對方所持物品的方法，相當於超能力所說的心理學。

③利用超幻像的ＥＳＰ通信技巧。

④光的製成法……仙道所謂的陽神，以及魔術所謂的光體製造方法。

⑤藉著內部光（生體能量）形成念動法……相當於超能力的ＰＫ。

⑥藉著超幻像使超空間現出法……各種咒術之怪異現出法。例如，使眼前空間消失、歪曲的方法。

以上均為筆者親身所試，屬於超幻像應用法的一部分，如果還有其他想做的事，可以自己下工夫練習。進行魔術、密宗、符咒、超能力開發的人，可以好好自我訓練，只要基本要件備齊之後，超幻像應用的範圍就相當廣泛了。

但有一點必須注意，就是在應用階段，因人而異或許會碰到一些超自然現象。

本來這些問題可以依本文所示對策加以解決，但最怕的是信念問題，例如在施行過程中二種以上神秘行為併用，也許就會脫離本書所論範圍，或者到達走火入魔的危險地步。

具體而言，像西洋魔術及中國符咒等體系文化背景全然不同之技術混合使用時，很可能會導致使用者的氣及意識狀態支離破碎。

本書所介紹的方法沒有任何副作用，不管誰使用都不會發生問題，如果將超幻像應用在以外場合，就得小心發生其他問題。

儘量選擇適合自己的咒術、法術，並跟隨正派老師學習後（不論遇到什麼情況均可自行應對的情況），再進入神秘階段應用。

只要遵守上述注意事項，必定不會出差錯。

好，現在就從超幻像的準備階段，後光視的開發出發。

第一章

從圓光視開發著手為超幻像紮穩根基

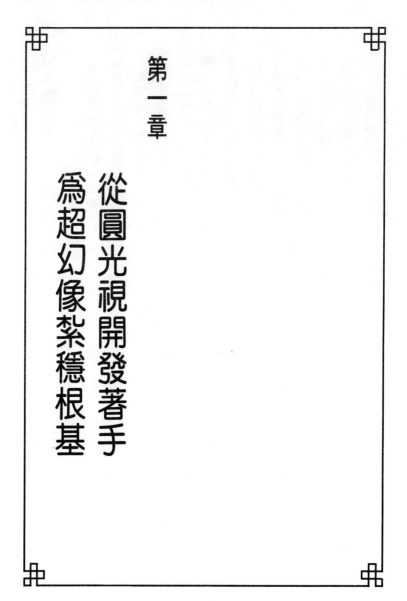

從人體放射出的圓光之謎

從人類身體會放射出稱為「圓光」的奇妙放射能量之事實，在這幾十年間已廣為人知，尤其當蘇聯技師奇爾里昂的圓光拍攝成照片後，更決定了圓光的存在，現在藉著更進步的器具，可以更清楚掌握這種超常能量。

但現代這種光怎麼突然不被重視了？自古以來，不論什麼時代，什麼民族、什麼地區，這種圓光之存在均廣為流傳。

例如，印度的神明或聖人頭部後方，都會描繪出鮮亮的白光，基督敎也一樣，耶穌或天使、聖人的背後都會描繪圓光。

中國所描繪的仙女飛在天空模樣，也以長衣裙表示圓光，而日本宗敎畫像或神佛像背後，也有如火燄般的亮光代表圓光。

此外，在美國印地安那等地所發現的人物像壁畫也描繪出圓光。

自古以來，這種未知之光就在看得見的人之間廣為流傳。

印度人認為這種圓光是發自人體的能量。而現代圓光發現者稱此光為生體能量加上未知的某物。不管怎麼說，它是來自生體的能量這一點，是古代人與現代人一致的看法。

佛像背後像火焰般的光背，表示圓光存在。除了直接表現之外，仙女的長衣（右下・中國）或人物發出的光芒（左下・美國印地安）也代表圓光。

到了這世紀，對於圓光的探究特別盛行，大致可分為二種不同流派。

一種是利用現代科學技術機器的派別，以奇爾里昂所發明出來的機器達到最高潮，但這已經是很久以前的歷史了。

天才科學家尼古拉・特斯拉於十九世紀末發明的裝置，是此機器的原始構造，可以使人體所有部分發出光環狀光芒。到了一九〇九年，法國也有一位生理學者製造出相同裝置，他利用此機器拍攝出自己的圓光照片。一九三九年，捷克斯拉夫共和國二位科學家發明「電子圖案」，可拍攝到葉子的光環照片。

奇爾里昂是在自己任職的醫院（他是放射治療醫師）為患者治療時，看見電極對皮膚放射高周波電力，於是心想，將這部分放在底片下不知道能不能感光，就這樣發明了此裝置而他拍攝照片的方法名稱很長，稱為「藉著被攝體直接電荷往感光板移動……將被攝體的被電性轉換為電特性的方法」。

進入一九六〇年代，隨著超能力研究的盛行，陸續出現各種改良機器，達到現在興盛階段。

另一方面，英國醫師W・J・吉那博士們所採取的方法也是科學研究，但卻與此不同。他們比較接近於延續古代傳下來的方法，不但進行開發我們的眼睛，並提高看圓光的能力。這種方法稱為「吉那・螢光幕」。就是利用染料在螢幕上塗色彩，開發看圓光的能力。

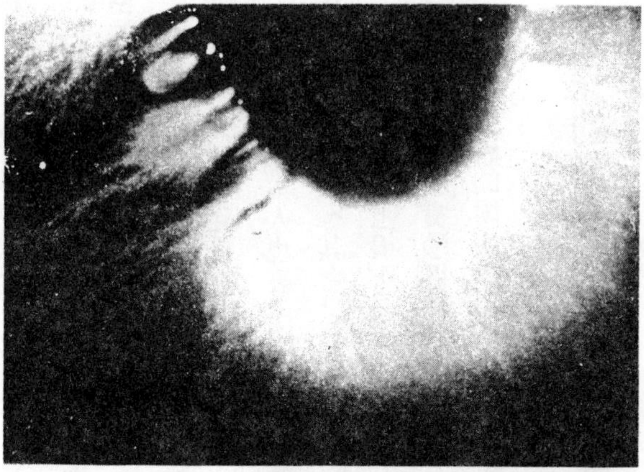

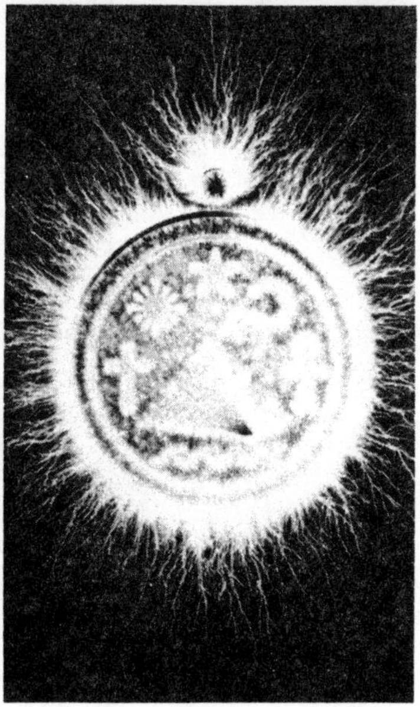

↑→奇爾里昂照出來的細胞狀光芒。上圖是人的手指。下圖是紀念章。但有人認為這種光芒並非圓光，二者之間有些差異。↓發明裝置的奇爾里昂夫婦

吉那博士於一九一一年發表此研究，但原本他就利用此方法為病人治病了，方法非常科學，與以前通靈者所傳下來的方法形式很像，但內容不同。吉那博士是在看過六十人的圓光後，才知道圓光一詞。

博士的研究因他死亡而中斷，後來英國生理學者奧斯卡・巴克諾夫引用博士經驗，從精密的實驗中證實此理論，也可以解釋為「吉那・螢光幕」藉巴克諾夫之手證明其有效性。

但並不是使用這種螢光幕就立刻能看到圓光，還必須經過肉眼訓練才有辦法看見這種奇妙光芒，換句話說，這種器具只是配合生理上眼睛特性，開發眼睛直視圓光的道具罷了。

吉爾里昂本人也表示，這種裝置本來就不是為了看圓光而設計，而是圓光經由高周波電場增幅顯現出來（其實是一種未知的能量），兩者相連結的過程根本是無心插柳的結果。

在圓光研究上很有名的日本內田秀男工業博士，做了以下敍述；

「經過科學實驗得知的圓光，與本來的圓光並非同一物。」

從研究者的說法得知，儘管說圓光能以科學掌握，但其實態仍屬於未知領域。

圓光的顏色與形狀隱藏著某種訊息

圓光的大小因人而異，其形狀也各有不同變化，例如，印度古書『呼吸的科學』，對於圓光的形狀記載如下：

「從體表面發出的自然圓光長度，普通呼吸時十指、步行時二十四指、行走時二十四指、性交時四十二指、睡眠時一百指。當人類戰勝慾望，得到某種靈力的場合，其長度也跟著改變。」

此處所說的「一指」是寬度。

圓光不僅形狀會改變，能夠完全看見圓光的人，還能看出圓光分為好幾層，關於這一方面，吉那博士敍述如下：

首先，與肉體接觸的一層稱為「內層圓光」，從體表面延伸十二～十三公分。

外側稱為「外層圓光」，其寬度從體表面算達到三十公分左右，當然，這種大小是一般標準，威力強的人或經過靈異洗禮的人，可能達到數公尺至數十公尺（參照二十九頁圖①）。

在這內外二層清楚可見的圓光之外，內層圓光與體表面之間有寬○・二～八毫米左右的「黑暗空間」，亦即「不可視圓光」領域，這和體形幾乎一致，內外二層圓光從這裡才開始。

因人而異，有些人的外層圓光外側還有更大的圓光層，無止境延伸，看不見明確境界。

以上是吉那博士有關圓光層的觀察，印度及西洋的說法更複雜。

照他們的說法，圓光中有揮發體圓光與靈的（感情體、精神體）圓光二種。揮發體圓光和吉那博士所說的圓光一樣，分內（十二～十三公分）、外（三十公分左右）、黑暗空間（〇・二～八毫米）三部分，此圓光在身體取自宇宙能量活性化成細胞後，剩餘部分就成為揮發體從身體放射出來。

相對於此，靈的圓光就和人類感情有關係，是從感情體與精神體發射出來的圓光，位於揮發體的外側，未發達人在一公尺左右，靈能力發達的人可達數公尺至數公里，據稱釋迦的靈圓光達三〇〇公里。

所謂揮發體，就是我們熟悉的「生氣體」或「星氣體」，也就是脫離本體時被利用的體。

此圓光緊緊圍繞著我們，但無論如何解釋，圓光還存在著許多不明點，此處所述各層寬幅，只不過是大致標準。

不僅圓光有好幾層，各人還擁有特定顏色，例如，熱情的人是鮮紅色、思慮深的人是深藍色，具有優秀治療能力的人是綠色等等。

圓光之各項要素，因人心及肉體狀態時刻變化，表現出關於此人的一切。

舉個例子，圓光之一側異常狹窄的人，這一側的肉體很可能有疾病，或將要發病。圓光色澤暗濁、摻雜灰色者，表示身體或精神有異常。

利用圓光進行診斷的有名靈能者艾特卡・凱西有如下報告例：

圖①

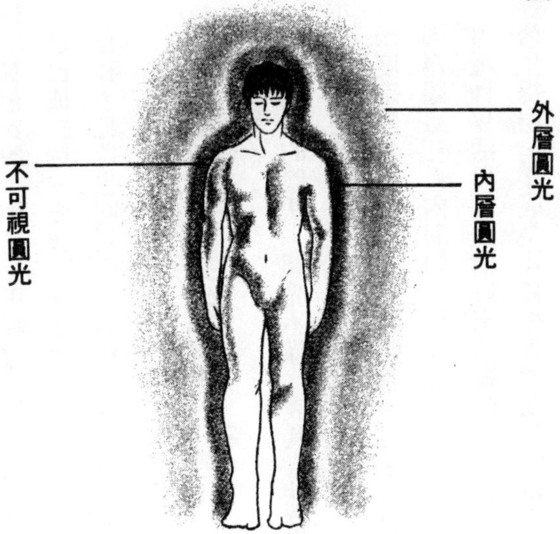

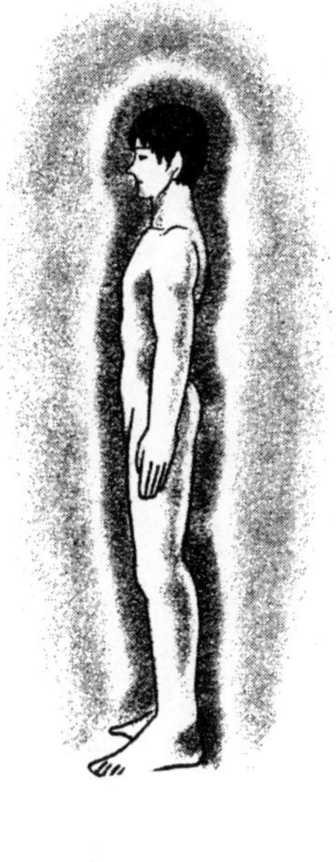

在他認識的人當中，有自年輕時代即喜歡穿著藍色系的朋友，但從某時候開始，他變成喜歡暗紅色衣服、飾品，正好這時候他因過度疲勞而神經衰弱。凱西從他的圓光發現，原來的藍色已被紅色占優勢，甚至顯現表示疾病的灰色。但過了幾年，當此人疾病恢復後，灰色便不存在，紅色也回到原來的藍色。有趣的是，當他病好了之後，也不再喜歡紅色物品。

被現代文明侵犯的圓光

依研究者的說法，圓光不僅代表其人性格、體質、健康狀態等人類表面，更進一步還能顯示靈性及更深層的命運。

印度宗教界致力於圓光視開發，也是著眼於此，看得見圓光的人，可以看見世界的黑暗面，因為隱藏在人內面的一切都會在圓光顯露出來。

這種神秘活用法長期以來被靈能者所獨佔，直到二十世紀初期，經由前述之英國W・J・吉那醫生提出，才成為比較被大衆知道的事物。博士從臨床醫學立場偶然發現圓光，其所下的研究工夫不亞於靈能者，他並且找出了圓光入門。

吉那博士的圓光入門中最具價值者，莫過於一般人均可看見圓光的技巧。筆者在教人開發圓光視時，也多方參考他的方法。博士的方法比筆者在神秘境界中自然開發此能力簡單多

空氣污染的東京市。由於生活環境遭破壞，所以圓光異常者增加。

了，而且快速奏效。

關於圓光，吉那博士告訴我們一個重要問題，即現代人圓光異常增加的問題。博士研究時間在二十世紀初，當時圓光呈現異常的人相當多，關於這一點，靈能者們也同意，照他們的說法，原因在於文明所帶來的不自然環境及慾望增強。

在二十世紀初期，圓光污染就已經異常嚴重了，那麼在生活環境比當時更惡化的現代，這種嚴重性程度可見一斑。

隨著超高度工業化、資訊化、快速化所帶來的環境破壞、公害污染等副產物絕對比吉那博士時代嚴重得多。說得坦白些，現代文明生活的人類精神、肉體，已達崩壞的危機狀態。

照靈能者的說法，喪失信仰心的現代人，比以前人更容易形成靈性障礙，當然，這種異常現象也很明確地反映在圓光中。

所以，本章不僅敍述超幻像，也告訴各位解讀這種異常的各種知識。但其修正法請看第三章。

神秘眼的開發與環境

現在開始實際看圓光訓練，技巧上參考吉那博士的方法，但並非相同方法，因為此訓練是以筆者本身仙道修行之自然狀態圓光視開發為中心，再配合吉那博士的開發法。

筆者在教人圓光視的過程中也體會不少，因此設計一套針對各種程度均可進行圓光視訓練的階段，當然，進展速度因人而異，有快有慢，但基本上還是希望照著各步驟順序進行。

一開始訓練初學者看見圓光，在這之前，得先製造良好學習環境。

此大別為二：①容易看見圓光的環境，②容易看見圓光的時間。以下依序說明。

■容易看見圓光的環境

一般而言，圓光是從可視光線範圍向外放出微妙能量光，除了先天素質較佳或經過長期修行者，普通環境下很難見到，因此，初學者想看見圓光，必須在選擇環境上著手。

最好是空無一物的房間，因為在有放其他物品的房間內，即使你看見圓光，也會和物的影像重疊，如此便混淆不清了。

假如房間內擺滿家具，最低限度也希望其中一面牆呈空的狀態。但再怎麼整齊的房間，如果牆上貼著花紋壁紙，就一點意義也沒有了，如果房內已經貼著壁紙，就請你再加上一張白紙。

如此才不會在看見圓光時和其他物品搞混了。

■容易看見圓光的時間

環境準備好之後，就開始挑選看圓光的時間。嚴格說起來，只要外部採光條件與屋內環境、條件適合，並沒有特別限制時間，但能夠住在條件優艮房子的人畢竟不多，所以還是選擇理想時間比較好。

一般而言，看圓光最適合的時間是清晨時分或傍晚，亦即晝與夜的境界時間。因為此時人的眼睛從一定採光狀態移往別的狀態，正處於模糊的狀況下，因此能看見微妙之事物。

古時候稱這種時刻為「誰是他」或「他是誰」，亦即無法判定遠方是何人的時刻。

這種時間不限於看圓光，連其他不易看見之物，此時也容易看見。

其次適合的時間是夜晚，但初學者在全暗狀態下什麼也看不見，這時可以用小燈泡輔助，使環境呈現微暗狀態。總而言之，非常亮及非常暗的狀態不適合初學者圓光視開發訓練。

如果能以人工製造出如上述時間的採光，則不論何時均可進行圓光視練習，例如白天將窗簾拉上使房間微暗亦可。

只不過實際經驗後發現，這種人工環境和本來的微妙環境還是有些差異，因為清晨、黃昏、夜晚均有獨特的氣氛，這是白天所沒有的，一定要親身體驗才會發覺感覺不同。

白天在仙道看來陽氣太強，一切均呈活動性，心容易向外，相對於此，黃昏、夜晚、清晨陰氣多，活動性被壓抑，意識容易向內，比較適合這種訓練，這些要素和精神集中關係密切。

因此，希望初學者還是選擇在黃昏或清晨之最佳時段練習較適合。

看見圓光的基礎訓練

配合各人素質有幾個步驟，請照順序進行訓練。素質佳的人也許進行步驟1後就能看見圓光，此時就可以進入下個階段，即全身圓光直視。素質一般的人，如果在步驟1看不見，就進入步驟2，如果還是不行，就進入步驟3。

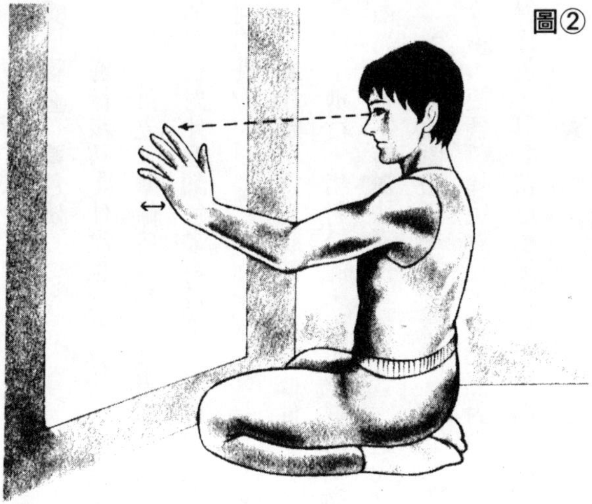

圖②

■步驟1　直視法

①這是最簡單的方法。首先，自己的手離牆壁數公分，手指張開，眼睛看著指尖（圖②）。

這時是為了看圓光，所以不需要用力凝視，反而應該放鬆，狀似呆然眺望。

②如果指尖出現霧般東西，你就繼續往此形追，不久，整隻手應該會覆蓋一層層霧狀光芒。

③如果呆然望著指尖後看見圓光，但卻無法進一步看見全體時，便加強意識於手指尖眺望。

★

像筆者這般氣強烈的人，大概此時就可以看見圓光，這是從指尖發射出感覺相當銳利的線狀，一直延伸至遠處，仔細看在陽光或螢光燈下也能看見黑色邊緣的線狀出現。但氣不強的人就看不清楚，只能感覺看見煙霧狀的東西。

■步驟2 補色法

進行步驟1什麼也沒看見的人，請使用補色法進行訓練。

①首先，準備各種顏色圖畫紙，大小約B4（約二十六公分×三十七公分），由於不知道自己對什麼顏色最有反應，所以儘量準備多種顏色。除了圖畫紙外，色布也可以，當然不可有花紋。

▲**注意**：採光狀態比前述條件稍亮，達到能判別顏色的程度。筆者之步驟1在相當暗的狀態下進行，相對於此，這步驟就可稍微利用日光燈，當然，使人暈眩程度的日光燈只有技術高超者才有辦法應付，初學者應避免。

②各色圖畫紙準備妥當後，將之分為暗色系（黑、藍、深綠等）與明色系（白、黃、紅等），使各色補色對比，例如黑對白、紅對綠、黃對青等情形。不過不必非得以色彩學上的對比色，只要自己感覺是相反色即可將圖畫紙擺在同一組。

★

筆者有時變化各種色彩組合，研究那一種組合最容易看見圓光。

後來發現容易看見圓光的對比色因人而異。有人對紅綠組合起最大反應，有人對黃綠與

圖③

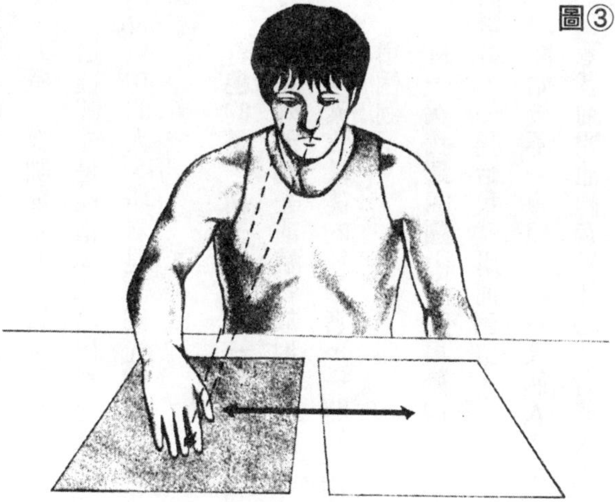

朱紅色組合產生強烈反應，反正沒有絕對組合，讀者也可從嘗試中找出最適合自己的組合。

③將各種對比色組合放在地板或桌上。首先，從當中挑選出一組，手離此數公分指著，接下來在二張色紙上交互移動，速度太快恐怕看見圓光也沒注意到，所以稍微慢一點比較好，而眼睛注視之處以指尖最佳（參照圖③）。

▲**注意**：注意手的影子，如果照明照出手影，則即使看見圓光也會和影子重疊而不清楚，所以必須注意照明之調節。

④注意以上事項後，便開始每一組三～四分鐘的訓練，合計進行十五～二十分鐘即休息五～十分鐘，或者一日一組連續數日亦可。

利用此法找出最佳組合後，以後就固定用這一組對比色做為補色法訓練，如此反覆進行訓練，直到看見更清楚的圓光為止。

★筆者時常以此技巧教授想學仙道的人，如果只進行步驟1達不到效果者，可以併用步驟2，大概一次訓練有九成以上可以看見圓光。

這種圓光是從指尖處發出燃燒狀的光，距離從數公厘至數公分不等，但像筆者這種長期練習氣功的人，所看見的圓光就可以穿越B４圖畫紙，到達遙遠的對方，而形狀是強烈的光線狀。

有趣的是，初學者雖然一開始只看見數公厘，但不斷練習後，不但時間愈來愈長，甚至可以看見外部圓光或植物放射出的圓光。

有些素質較佳的初學者，一開始就能看見一切圓光，他們不知道這是什麼現象。

舉個例子。

有一次我到四國山中的集體宿舍，夜裡集合所有參加者進行圓光視開發訓練。學員均為初學者，一開始我就用補色法。

開始後不一會兒，就有幾個人表示「看見了」。

筆者詢問他們看見什麼？有些人表示手指四周有燃燒般的暈狀物，有人則看見手指周圍有某種光。於是我用學員的手指看，的確如此。

接著，我讓他們看從我手指放出的圓光，再詢問他們見到了什麼？結果他們瞪大眼睛表

示：圓光不但清晰，而且距離很長。

不過這畢竟只是一部分人，大多數人還是不能清楚看見。筆者請大家「仔細看」，下意識看自己手指的圓光，結果先前還不太感覺得出圓光的學員，後來也都明確看見了。

突然有位學員岡坂大聲叫道：「怎麼會這麼清楚看見這樣的光！」一問之下，原來不是從手指發出的圓光，而是身體發出的圓光。

我驚訝地問他：「你以前做過這種訓練嗎？」岡坂回答：「沒有，這是第一次。」老實說，我也被他的答案嚇了一跳，因為這還是筆者頭一次看見初學者中有這麼優秀的人，素質相當高。

我為了試試他的功力，於是將電燈關掉，請他看幾個人的圓光，然後將形狀描繪在紙上，結果他不但畫出了內、外層圓光，還詳細畫出了身體各部位發出的圓光，正確度極高。

筆者有感於難得遇到素質如此優秀的學員，於是教授其小周天，他的感覺均比別人強一倍。我們於第二章「內部光開發」再介紹他的報告。

圓光強化法與道具開發法

■步驟3　圓光強化法

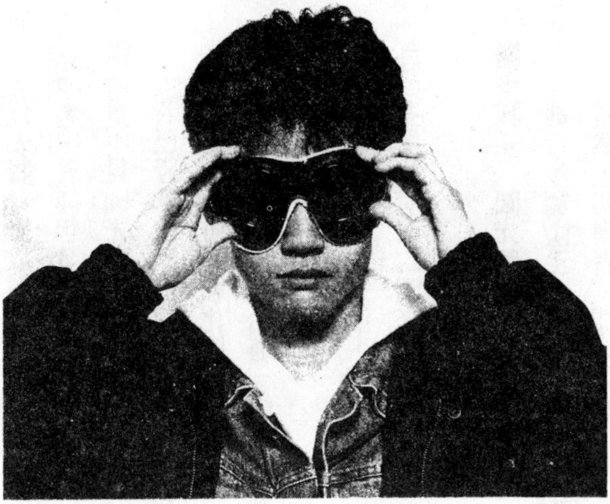

訓練眼睛看圓光。可以使用圓光輔助器。

使用補色法還看不見圓光的人，可以進行這個方法，這是使自己生體能量加強，藉著更強力的圓光放射，使自己容易看見圓光的方法，也可以說是利用氣的威力進行超幻像圓光視開發。在步驟①、②中看見一點圓光的人，也可以併用此法使圓光更清楚。

◉簡單法：圓光強化法當中，最簡單的是暖手法。例如，將手在暖爐前溫一下，或在熱水中泡十～十五分鐘，如果還不夠的話，就泡個熱水澡，或稍微運動提高身體熱量，總之，只要使手或身體放射出的生體能量暫時活潑化即可。

但注意泡澡或運動不可過度，否則氣過旺、精神太興奮，反而不容易集中於看圓光。

◉正確法：以上只是最簡單的方法，但總不能老是依賴這種方法，最重要還是從自己身體內側強化氣的威力，否則無法達到超幻像境界。

正確強化圓光法如下：

首先將身體放鬆，深呼吸幾次，最後一口深入呼吸後停止，將力量往下腹部集中，強烈意識集中於你想發出圓光的指尖（二、三隻），這時雖然意識強，但不要凝視，否則容易緊張而看不見圓光。

若已經熟練其他呼吸法的人，可先進行自己擅長的呼吸法二十～三十分鐘，之後再進行此法，則立刻可使強化圓光出現。

最佳狀況是練習仙道（內功）或氣功法（外功）至某種程度，再進行此法，則可使強化圓光從全身放出。

只要你依照此方法，即可使自己生體能量暫時提高，然後進行步驟1或2，即可看見從自己手指放射出的圓光。

■步驟4　圓光眼鏡

進行步驟1至3方法練習後，仍然看不見圓光的人，可利用圓光開發道具。

當然，初學者一開始就利用圓光眼鏡也可以，但為了確定究竟是不是圓光眼鏡的效果，所以還是放在最後階段才用。

這種道具是由英國吉那博士想出來的，後來再經過奧斯卡•巴克諾夫改良。現在市售的圓光眼鏡分為精密型與簡易型，但圓光眼鏡並不是能夠讓你直接看見圓光，只不過是輔助器材而已。以下簡述巴克諾夫的理論，提供各位參考。

依生理學構造，人類眼睛網膜上有視細胞，這是由錐狀體與桿狀體二種細胞所組成。其中錐狀體集中在網膜中心部分，主要作用是在強光下識別物體或顏色；桿狀體存在於網膜周邊，在黑暗狀態下，能藉著弱光識別物之明暗。

照巴克諾夫所言，看圓光是屬於桿狀體的任務，如果給予適當刺激，就能夠清楚看見圓光。據他的實驗報告，這種圓光視開發器具對訓練很有效。

前述吉那博士發明的是，在塗藍色染料的二枚玻璃之間夾入眼鏡狀的道具，此具有與普通人眼睛相反的光特性，說得明白一些，就是連平常不容易映在眼睛的光域也能看得見。

事實上，此光域才是與圓光關係深的領域（研究顯示為紅外線與紫外線兩極端）。此外，吉那博士的圓光眼鏡是深藍色系；巴克諾夫的圓光眼鏡是塗上紫紅色顏料，均比藍色特性高。

當然，如果你能取得染料以及覆蓋兩眼程度大小的二片塑膠板，則自己也能製作圓光眼鏡。方法很簡單，只要將染料塗在塑膠板上後夾起來就可以了，也可以利用軟片（圖４）。

最後敍述訓練方法。

圖④

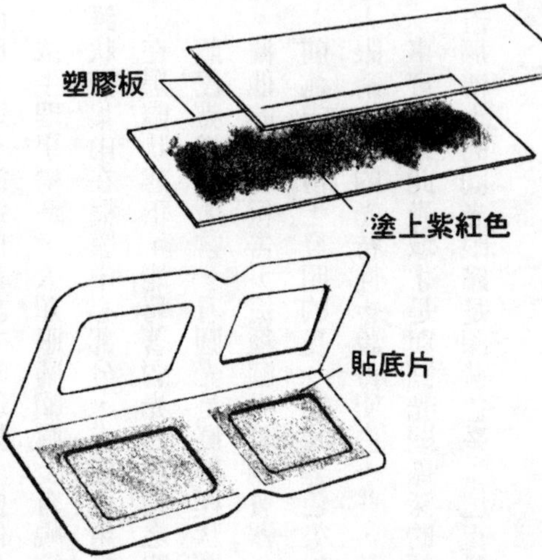

◉圓光開發道具使用方法：使用此道具依然得注意環境及時間。準備B4白色圖畫紙及電燈泡。

①先透過圓光眼鏡看電燈的光，約一分鐘後看白色圖畫紙，此時白色圖畫紙看起來應該是黃綠色，這稱為色殘像現象。但初學者一看瞬間即消失，必須反覆練習至持續數秒鐘，不過一次練習時間過久，會使眼睛疲勞，一天以十五～三十分鐘為宜。

②當這種色殘像時間達到數秒鐘後，即可以步驟1、2的方法看圓光。之前看起來模模糊糊或根本看不到的圓光，現在應該可以看得清楚了。若與步驟3併用，幾乎所有人都能看見手的圓光，達到此階段後，就進入看全身圓光練習。

看一切圓光的訓練法〈1〉

能夠看見從自己手中放出的圓光後，接下來就練習看自己全身放射出的圓光，或是從他人身上放出的圓光，最後則看一切物體放射出的圓光。以下介紹各種技巧，請依序練習。

■技巧1　全身圓光

①要看見全身圓光，首先得準備看得見全身的鏡子。初學者穿著衣服比較不容易看見（熟練之後即無妨），最好裸露上身，下身著內褲即可。

此時以呆然望著的姿態看鏡內自己的全身像，不要凝視。

如果已經練習過補色法，知道自己容易看見圓光的色，則可將色紙（儘量大一些）貼在自己的背後，使之映在鏡內（圖⑤）。

②如果此時還看不清，則可進行步驟3圓光強化法（氣的強化法），使生體能量活潑化，應該就可以清楚看見圓光。

③如前所述，圓光有好幾層，一開始只能看見內層圓光，一般是從體表面向外十二～十三公分，但依筆者經驗，多半比較狹窄，有些人只看得見幾公分，但須注意自己的視力問題。

圖⑤

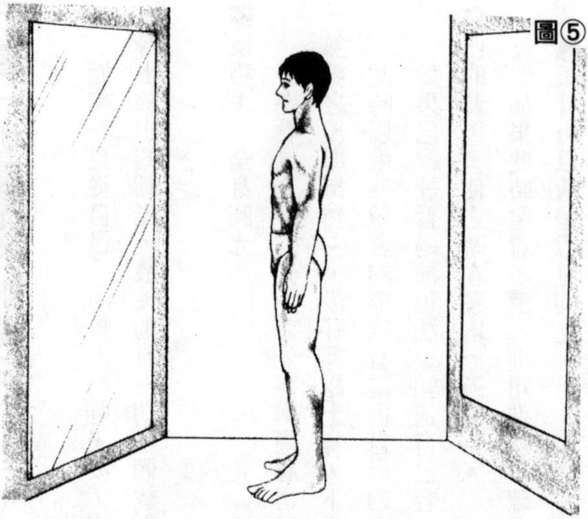

一般人對此感覺很模糊，練過氣功的人就看得比較清楚了，好像身體外側覆蓋另一層稍微大一點的透明層。

④看見之後，便穿上衣服再試試看，若能成功，則進入看他人的圓光訓練。

■技巧2　他人的圓光

對於能看見自己圓光的人而言，看他人的圓光就簡單多了，任何人選均可進行。

這時最佳搭檔是同時進行圓光開發訓練的伙伴，可以彼此互相練習。

①一開始利用步驟1～3，互相看手指的圓光，能夠看清楚後，便互相看全身圓光練習。

②這時候從對方頭部開始，然後再逐漸往下看全身圓光。

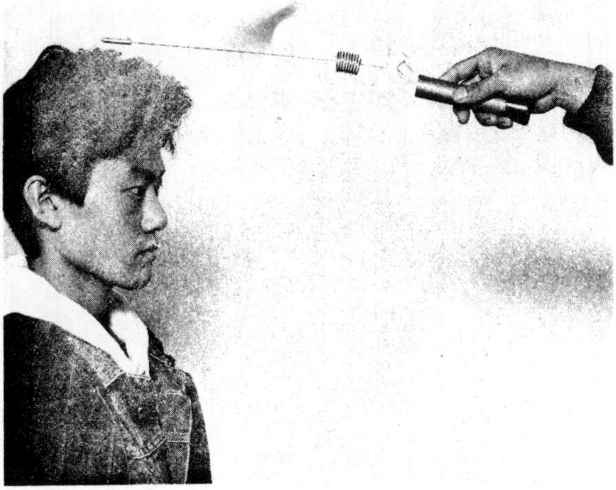

當圓光計量器靠近頭部，尖端接觸到圓光外緣時，會上下搖動。

▲**注意**：一開始最好注意時間、採光等條件，而且對方儘量站在空無一物的牆壁前，習慣之後可以試著在放置一些物品的場所進行（或有花紋的牆壁），看看有沒有差別。

③為了確認所看到的圓光是不是眼睛錯覺，可以請功力深的人幫忙，否則也可利用圓光計量器。

關於這一點，作者有相當多親身體驗實例，以下介紹一些方法。

◉請功力深的人確認圓光大小：這著重在氣的感覺，請看見圓光的人確認圓光大小，但不要告訴其他人，然後請看不見圓光，但感覺得到氣的人確認圓光大小。

假如是兩者均做得到的人，首先用眼睛看圓光，接著閉眼用手確認其大小。依筆者經驗，準備率幾乎達一〇〇％，結果一致。

◉利用圓光計量器確認圓光大小：這是使用市售計量器確認圓光大小的方法。

★

筆者先挑選一個人，將器具靠近這個人從頭部發射出圓光之處，在接觸到外緣的一瞬間，圓光計量器上下搖動，筆者心理認為此項器具很敏感，並繼續移動它，到了光芒最強烈之處，圓光計量器便快速震動，這種感覺非常強烈。

經過十位試驗者實驗結果，答案完全一樣，當圓光位置（外緣部位最清楚之處）與圓光計量器尖端一致時，反應最強烈，但依個人氣的強度不同，圓光計量器搖動的方式也不同。有些人是上下振動，有些人呈迴旋狀，有些人的圓光不使計量器移動，而是使它有一股往外拉的力量。

圓光計量器對內層圓光最有反應，外緣部則在眼睛看見特別光亮處特別激烈搖動。

筆者很容易看見圓光，也許比較容易導出結果，後來請只感覺得到氣而看不到圓光的人也試試看這個實驗，仍然得到相同結果。

由此證明此器具的有效性。

以上是相互訓練看對方圓光，完成後則進行夜間屋外看他人圓光的訓練，最後才進行白天在任何場所均可見到圓光（內層圓光）的訓練。

看一切圓光的訓練法〈2〉

■**技巧③　各層圓光**

比起內層圓光，這階段稍微難了一點，但對於看得見圓光的人而言，此階段倒也不如完全看不見圓光時的訓練那麼艱難。

①首先，看得見內層圓光的人，試著看外側延伸的影像，如果看不清楚，則仔細觀察是不是能夠看見什麼無境界的東西。

②這對初學者而言並不容易，因為圓光本身就不是鮮明之物，因此很難分內層、外層，而且像現在氣不足的人這麼多，也許圓光本身寬度就很難分出內外層。

③這時不是單純訓練眼睛看，而是訓練自己「好像感覺看見外層圓光」或「總覺得感受到那境界」，漸漸地你就有能力區分二種不同圓光層。

▲**注意**：照吉那博士所言，小孩，尤其是男孩的圓光，沒有內、外二層區別；另外生病圓光衰弱者也沒有二層的區別，如果以這種人為訓練對手，不論怎麼訓練都不會有進展，請特別注意。最好不斷更換對象練習看這二層圓光。

④外層圓光具變化性，而且會和從身體各部位發出的圓光（例如頭、眼等。女性之胸、

腰及男性之性器附近可以看見明顯的圓光擴散）混合，很難看出形狀。一般健康人的場合，會好像感覺看到不斷搖動的大火焰燃燒似的（圖⑥）。

⑤吉那博士表示依人不同，有些在外層圓光外側還有更大的最外層圓光，但這層圓光非常稀薄，非素質佳的人很難看見。

⑥當你能夠清楚區別內、外二層圓光後，即可進一步看從圓光中產生的各種別枝圓光。最清楚的是發自身體各部位的獨自圓光，後頭部、背部、眼睛、女性的胸及腰、男性的性器附近，都可以看見明顯的突起（圖⑦）。另外，病人在異常亢奮的場合也會從那部位發出強烈圓光。比較特殊的是，像我們學習過仙道或靈能者的場合，會從頭部向天空放射出一根無限延伸的圓光柱。

⑦除此之外，雖然範圍極小，但有些部分會發出圓光塊光芒，相反地，也有比周圍暗的圓光塊，這大概與肉體精神異常有關。在解讀圓光資訊的場合，這是一大要素，詳請參照後述。

■技巧④　從各種物體發射出的圓光

◉動物圓光：看得見從人體發出的圓光之後，就可以練習看從各種動物身上發射出的圓光，狗、貓、小鳥等均可，方法與前述一樣。

図⑥

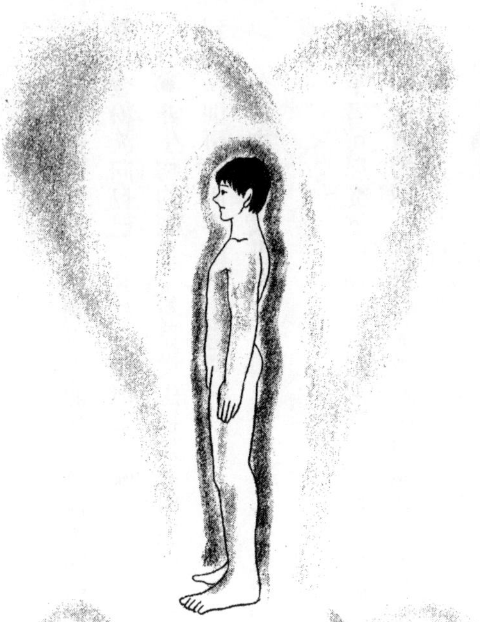

図⑦

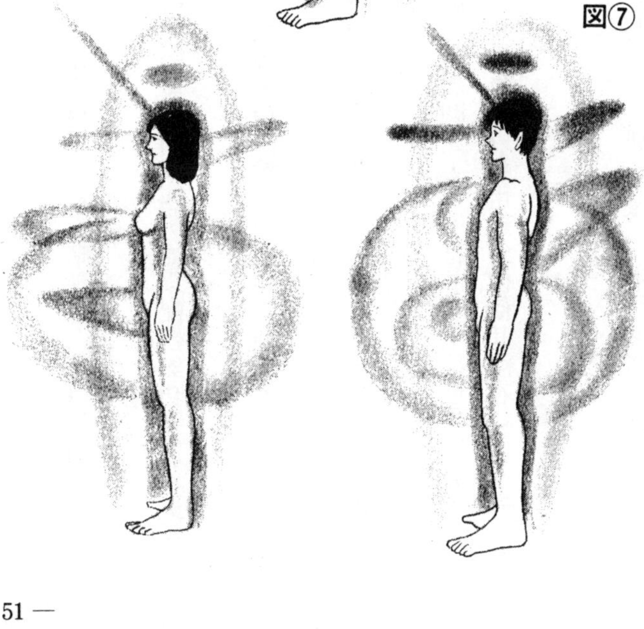

◉植物圓光：接下來看植物類的圓光。最方便的是家中的盆栽植物，尤其是開花植物最佳，容易看到相當強的圓光放射出來。

看戶外植物會遇到採光問題，必須慎選時間，在傍晚之後看，應該可以看得見樹木圓光。

筆者在夜裡看樹木圓光，能夠看到像金粉般閃閃發亮的東西，如果配合氣功要領，更可看見金粉流向自己，其狀之美無以言喻。

◉非生物的圓光：看見從生物類放射出的圓光後，最後看看非生物的圓光。如果感覺得到氣，則可利用手掌選出有氣的物品。

有氣物品的代表是寶石類、神秘圖形（生命的樹、遁甲布盤）、護身符、平安符、書法畫等。

筆者可以從這些物品看出人類圓光無法比擬的強烈圓光，遁甲符並非全部發出圓光，只有其中描繪的劍、武器局部發射出閃亮圓光，有時候也可以利用超幻像使其浮在空中。

■技巧5　圓光的顏色

這是看圓光訓練中程度最高的部分，並非人人均可見到，即使利用科學開發圓光機器，也只看見單色圓光而已（藍或灰色）。從眼睛特性來看，看圓光的桿狀體細胞，只能夠識別

顏色之暗（黑）或亮（白），所以普通是看不見顏色的。

實際上，看得見圓光顏色的人多半是印度或西洋神秘主義者，或是具有超能力者。

總之，看見圓光顏色已經超越科學領域，進入超能力領域，所以各位也不一定非學會不可。即使沒有看出顏色，也可以從形狀判斷異常、掌握現狀，顏色可說是屬於副產品。

當然，能夠看見各種圓光顏色是再好不過了，所以一開始看不出來不要輕言放棄，多練習幾次，真的不行再往下階段進行。

①看圓光顏色訓練需要背景為黑或白的單調場所（或布、紙），前面訓練使用之物可以再利用。準備齊全後，請發射圓光的對象貼在此處，練習者全身放鬆、呆然眺望。

②訣竅是不僅眼睛看，還要像技巧3一樣在意識裡感覺圓光的顏色。例如，總好像看見藍色的感覺，或總覺得是紅色等靈感刺激。

反覆訓練後應該可以看出圓光顏色。

★

依筆者經驗，圓光的形狀只要以一般感覺即可看見，但顏色就不一樣了，屬於另一種範疇，不是用眼睛看，而是用心看。

舉一個例子，以前在看進行ＴＭ瞑想的鈴木小姐的圓光時，看見她的圓光是藍色，仔細觀察後，證實真的是藍色。

當然，筆者的朋友當中，也有此道高手，不過他們均屬超能力素質極佳的特例，與普通人不同，他們看意識世界就如同現實一般。

看圓光的行為容易摻雜主觀意識在內，所以最好與朋友一起切磋琢磨，例如，一起看同一樣物體的圓光形、色是否相同。

能夠從客觀角度看見各種物體放射出來的圓光時，即可從基礎訓練畢業。

當你明白「解讀圓光異常顯示的訊息」之後，便可進入第二章「內部光開發訓練」階段。矯正圓光異常的「圓光修正法」屬於超幻像應用法，當你學會超幻像基礎（閉眼法、開眼法）之後，最好親自動手做。

解讀圓光異常顯示的訊息

圓光就像大氣一樣圍繞著我們，但圓光並非如空氣無味乾燥，人的圓光可以提醒我們特有性格、體質、健康狀態、潛在能力等等。

最佳訊息就是圓光的形與色，如果能正確觀察一個人的圓光，就能了解他的一切。

另外，在圓光視的應用圓光控制場合中，此項知識也是不可或缺的一環，所以結束圓光視基礎訓練的人，必須充分了解此知識。

先從有關圓光形狀的資訊說起，以下不僅為筆者的經驗，更參考了吉那、利德維塔、凱西等人的報告。

■圓光的形狀

圓光全體形狀以卵形（稍微橢圓形）最佳（圖⑧）。如果此形向外出現角度，或前端急劇突起都不太好。依凱斯的說法，這種形表示魂不發達，代表自私、頑固、執著。

至十二～十三歲左右的少年男女圓光幾乎同形狀，但少女的圓光稍微精巧。之後就依個人差別而漸漸形成特有的圓光。

一般而言，男性圓光比女性圓光兩側寬，尤其腰部達最大程度。此外，女性後側比前側寬廣，在腰部達最大程度。

從圓光大小而言，智慧高的人圓光也比平均程度大，照印度靈異者所言，靈性極高者的圓光比普通人的圓光範圍大出很多，大概從數公尺至數十公尺，也有如前所述之釋迦達三〇〇公里的情形，這麼大的範圍無法以普通圓光視之，只能以靈視檢查整體像。

■異常形狀的圓光

以上是沒問題的一般圓光特徵，如果圓光出現各種歪曲形狀，就是精神或肉體異常的訊

圖⑧

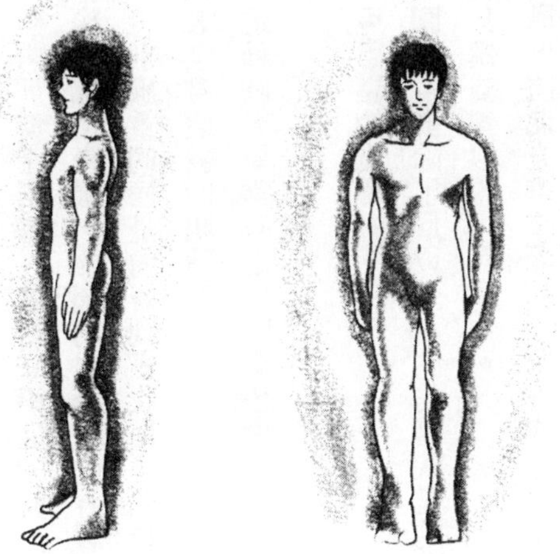

號，其中有幾個重要部分請牢記。

最常出現的圓光異常是「缺損」，圓形或不定形的不活潑光芒（霧樣形體）出現在特定部分時（圖⑨）。

這代表此部位肉體異常（也包含精神異常）。例如，胃不好的人，這種現象會在胃部前面出現；肩膀僵硬的人，則會在肩部出現異常圓光。

筆者在看他人圓光時，就發現患者肩部出現不定形球體光芒。

如果看見這種現象時身體正常，則代表這部位很快將出現問題。

此外，在圓光中出現的這種局部異樣，也可能是靈異之物。

一般而言，圓光局部異常與此部位肉體異常有密切關係。

除了局部異常之外，也有全部圓光異常的情形。

例如，在身體兩側寬廣的圓光中，其中一側看起來相當狹窄，或者是圓光全體看起來異常細小等等（圖⑩）。

照吉那博士所言，歇斯底里症的圓光在胴體兩側寬廣，但到陰部都突然縮小，另外在身體背後腰部位膨脹。癲癇的場合是內外層圓光均單側全部收縮。

特別嚴重的病是內層圓光收縮，此時圓光粗糙，有時看得出圓光被破壞的跡象，這種現象代表全身衰弱的訊號。

這種圓光異常必定伴隨顏色變調，所以應該一併檢查。詳情容後再述。

■不可思議的光帶

圓光特徵除了形以外，就是帶狀光的存在，這從頭部開始向身體中樞延伸，看起來好像繞著身體旋轉似的（圖⑪）。

印度將此光帶或看起來像一條條圓光的東西，視為生命能量（氣）之流動，稱為「納底」，人就是被這種納底所覆蓋。

美國印地安人自古也看見過這種現象，他們稱此形狀為「閃亮的瑪尤」，這是由無數光纖維所組成，覆蓋在人體上，尤其腹部很明顯是纖維束發射區，能夠強化伸展，非常具有韌

圖⑨

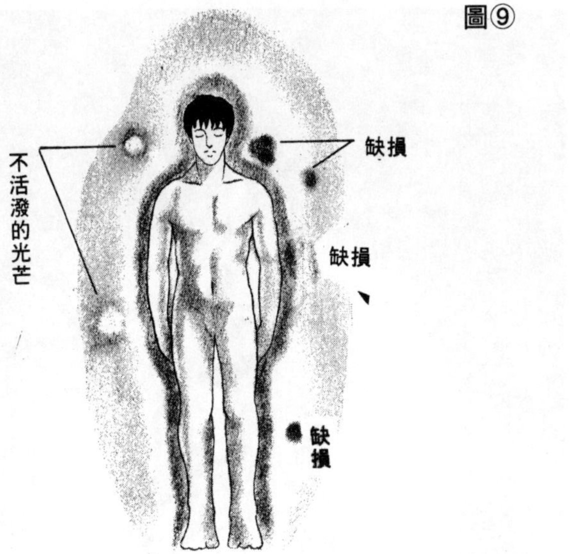

圖⑩

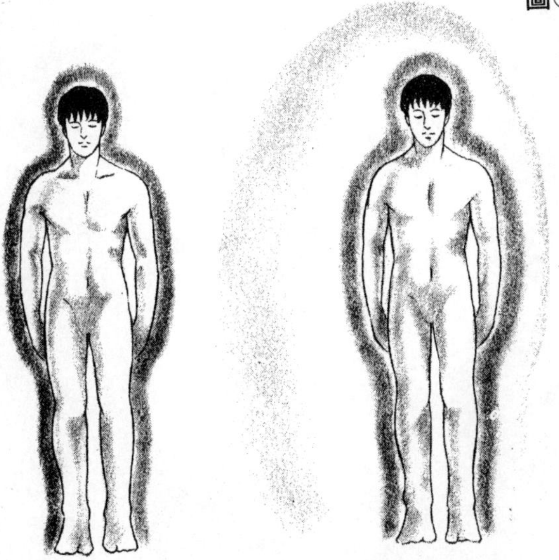

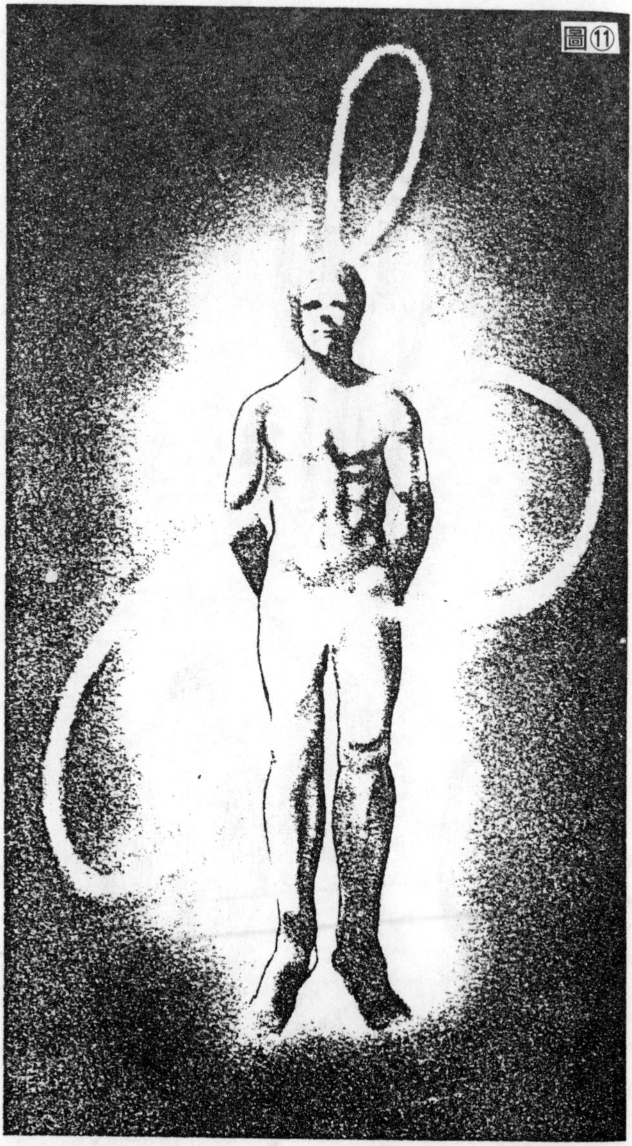
圖⑪

性。

關於從腹部發出的圓光束，有許多人提出報告。例如，荷蘭放射學者菲利浦博士就曾觀察自己腹部發出的圓光束，並繪成圖。

另外，美國加州醫師查費卡•卡拉克拉博士也報告此現象的存在。據他的說法，這是出現在太陽神經叢上的觸手狀突出，也許是從那裡發出能量的流出線。根據他的觀察，實際上就有人能夠藉著此延伸線，向他人的圓光投射。

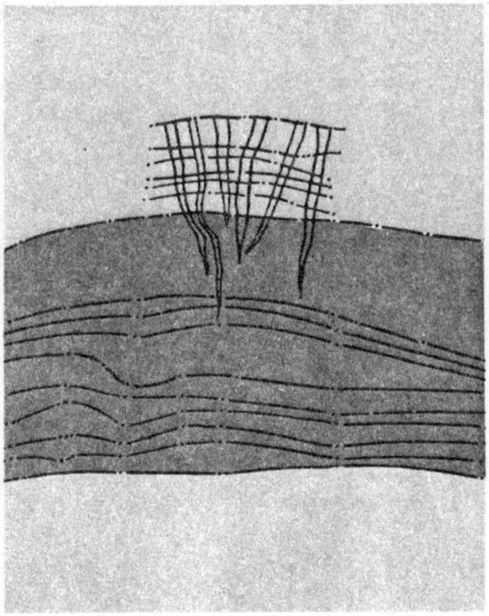

菲利浦博士記錄的腹部水平面能量線，突出能量場（圓光束）在中央。

人類學家卡洛斯•卡斯坦達表示，他的老師及朋友當中，就有人實際利用此光，在高崖上的樹木間像飛人一樣滑翔。

★

從腹部發出的這種圓光，筆者也遇到有趣的經驗，在此一述。

那是大約六年前的事，筆者聚集仙道修行者於自宅，進行使內部光出現的訓練。我讓幾個人坐在車上，眼睛閉著發氣，並將強烈意識集中於中心點，隨之有鮮艷白光一閃而過。

這讓我想起卡斯坦達書中提到的光繩，於是決定嘗試看看。本來大家都是在普通狀態下看不太清楚內部光的同伴，只能依賴氣的感覺。首先，每個人從腹部發出繩狀氣，並互相延伸纏繞。

有趣的是，真的感覺彼此牽連在一起，為了證明是不是錯覺，於是用力一拉，結果大家都表示有被拉的感覺。試了幾次後，有位學員表示他好像是晃來晃去，筆者也大吃一驚，沒想到經過實際實驗，證明真的能夠用這條繩子拉人。

當然，這只是氣的階段，做夢也沒想到會用在圓光繩上。有一次，看得見圓光的山口先生表示，看見筆者與一些人從腹部發出的光帶延伸後互相纏繞，衆人聞言均表示有同感。我也在別處與不同人進行相同實驗，證實光帶從腹部發出。

這種圓光帶也可以從身體其他部分發出，利用此光帶即可不用手而摸到對方的身體，這屬於超幻像應用，具體方法在第五章再詳述。各位只要先記住，利用這種光帶可以做很多事就夠了。

站在診斷圓光的立場來說，從內層圓光產生的光帶部分消失或收縮，即可判斷為身心出現異常。

圓光顏色與異常識別法

■圓光顏色與其代表的意義

除了圓光形狀之外，圓光顏色也有其特徵。識別顏色需要經過相當的訓練，一開始從圓光的透明度、明亮度觀察即可。

至於圓光的顏色，每個人解釋稍有差異，筆者彙總後介紹一般傾向。當然除此之外還有其他情形，讀者可從體驗中自行掌握。

◉紅色圓光：紅色代表的意義從好的一方面來說，是活力、意慾、熱情；從反方面而言，則表示善變、衝動、沒耐性、自我中心等等。

此色明顯表示非常具有行動力，但有點神經質、容易以自我為中心。尤其是女性的場合，暗示著喜歡出風頭、輕浮。

混濁的紅色為衝動、暴力、浪費等負面意義；深紅色表示過分自私。

一般而言，紅色代表動情（感情），另外在傷痛的場合，圓光多出現紅色。

◉粉紅色、珊瑚色圓光：這是附屬於紅色的一種，代表意義與紅色有異。一般說來，出現這種圓光多屬精神面未成熟、幼稚的人，另外也有可愛、親切的一面，因此多半在年輕女

印度僧侶所穿的橘色衣裳，其色圓光表示「人格崇高」之義。

孩身上發現。根據凱西所言，成人出現這種圓光表示遲來的青春。

◉橘色圓光：此人對人生具有意慾，但程度不若紅色強，同時表示思慮深。

如果此色混合黃色，表示自我抑制良好，多見於聖職者身上。各位看到印度、東南亞各國僧侶身披此色衣衫，即此意義。

若此色混合褐色，則表示野心欠佳、怠惰，屬於不太努力型。

圓光中如果出現橘色不活潑光芒，則是腎臟異常的象徵。

◉黃色圓光：鮮黃色代表崇高的理想、靈程度高、智慧、親切、開朗等等。黃色混合紅色則表示膽怯、劣等感、意志薄弱。黃色混合茶色為不健全、懦弱。

一般說來，黃色混濁的圓光多表示緊張、

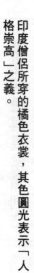

肝臟、神經異常。

★

關於黃色病態圓光，筆者介紹一個有趣的體驗。

幾年前，筆者曾至新加坡，往在中國友人的公寓裡。這是一個大家族，妻、妾、小孩、親戚總共十多人，其中有一位來自印尼的親戚女兒，這位姑娘不僅容貌、氣質不佳，行動也有些怪異。

有一天，筆者正在讀書，這位姑娘從筆者眼前經過，突然筆者好像看見什麼，於是很自然地目光隨著她的足跡前進。

真的看到令我吃驚的事情，這位姑娘的足跡清楚現出濁黃色光芒，並且點點相連。

當筆者坐在她身旁時，從她的氣感覺出她的肝臟或子宮有異常（造成女性精神不安、歇斯底里的原因），結果現在從她的足跡圓光得到證實。

◉綠色圓光：代表寬大、沒有偏見，也象徵生命力、健康。在治療疾病時，如果遇到具有此色圓光的醫生或護士，病人就可安心了。

綠色混雜藍色，表示誠實、指導性，但如果是濁綠色、暗綠色像海藻一般就不太好，因為這多半是低級靈所發出的顏色，筆者經驗之異常靈多具有此色圓光，慢性病人中也常見此色。

綠色混合黃色，亦即黃綠色也不太好，一般認為代表欺瞞。

◉藍色圓光：內斂的人身上常見此光，宗教、靈能者必出現這種圓光。藍色與內向、知性、意志力關係密切，但深藍色就有容易困擾他人的缺點，雖然有能力，但容易流於情緒化。中性藍色代表勤勉；藍白色代表缺乏內斂性。但不論那一種藍色，只要混濁就代表憂鬱、悲傷、頭痛。

◉紫色圓光：神秘的顏色，多屬於高貴的人。日本自古以來高僧或貴族的衣裳多為此色，西洋也是只允許法王、國王穿著的顏色。

但此色混雜紅色表示威壓、暴躁、神經過敏，最理想的是看起來為深藍色的紫色。

病人圓光中有紫色表示心臟、胃部異常。

◉白色圓光：表示純潔、清潔、完全。具有此色圓光的人魂魄平衡度高，為調和色。

◉混濁圓光：以上各色圓光如呈混濁狀，不僅代表各色的負面作用，也表示精神、肉體異常。

最明顯的是摻雜灰色的場合，如果是局部性，代表此部位肉體疼痛、不舒服。如果此色混雜在全身圓光中，表示全身衰弱、精神耗弱。若色濃近黑，代表有致命的身心缺陷。

■圓光的色光研究

一般而言，圓光顏色單一、明亮，代表此人肉體、精神健康。但大部分人的圓光沒這麼單純，多多少少會混雜其他顏色。

吉那博士認為，普通人的色域是從藍色至灰色，色彩依各人健康而異，但氣質、感情、慾望、精神力等占絕大部分影響性，精神力強的人，圓光藍色增加，精神力衰退，則圓光傾向灰色。

他還提出意志力使圓光顏色改變的報告，其中以紅、黃色比較容易出現，藍色不太容易放射。

總之，從圓光的形狀、光帶、顏色等方面觀察，即可掌握這個人的相關訊息，因此，一旦發現圓光異常，就必須加以修正。當然不只是單純治療圓光而已，還必須從根本的肉體、精神異常著手。

我們將於第三章詳述。

第二章
內部光開發的本質與超幻像閉眼法

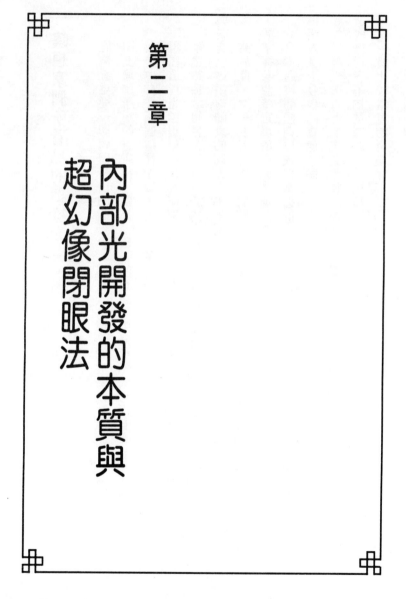

瞑想家們所看見的謎樣光

能夠看見從一切物體發出的圓光後，便進入內部光開發階段。

印度瑜伽所稱的查庫拉，就是「環」的意思，因形狀為圓形而且會旋轉，故稱環。

人體中有好幾個這種光環，各為某種力量的中樞。

現在這種光環現象不僅在印度宗教界，甚至在西洋神秘主義間也廣為流傳。

雖然熟悉這個名詞，但對於內容都一知半解，這種光環現在也是科學家們研究的對象，與研究已達相當階段的圓光立場不同。

關於此，從一九五〇年左右開始，印度及歐美各國就利用心電圖等各種計量器進行實驗，並掌握身體特定場所與此光環間密切的關係。

只不過目前能夠以機器掌握的，只有形的客觀記述而已，與圓光能夠利用照片、器具從每個人身上發現的實態不同。

這種光環有七個主要中樞所組成，各具有特定形狀與顏色，但由於各家各派說法不同，造成修行者不知依據為何的困擾。

一般比較常見的分類如下：

①性器官或尾骨光環。
②精囊或副腎光環。
③臍部或上腹部光環。
④胸部光環。
⑤咽喉甲狀腺光環。
⑥眉間裏側、松果腺光環。
⑦頭頂、腦下垂體光環。

但印度瑜伽教典中記載各種內部光。

例如，斯爾亞光環（肚臍正上方、肝臟右側）、江德拉光環（胰臟與脾臟之間）。還有不存在於肉體特定場所的馬那斯光環（與第五感、夢、無意識有關）、索馬光環（超越一切意識的第四意識狀態）。

如上所述少則七～八種，多則十三種不同圓光。

形狀說法雖不一，還稍微能整理出其共通性，但顏色就和光環數一樣，衆說紛紜不知以那一說為基準。

這種現象實在引起修行人的混亂，但西方神秘主義者就不在乎各家說法，著重於自己解釋。

←表現7種內部光芒的繪畫。↓印度瑜伽所說的查庫拉＝環，因形狀圓形圍繞而得名。右圖為印度教義的象徵圖。左為西洋神秘主義者的光環圖。

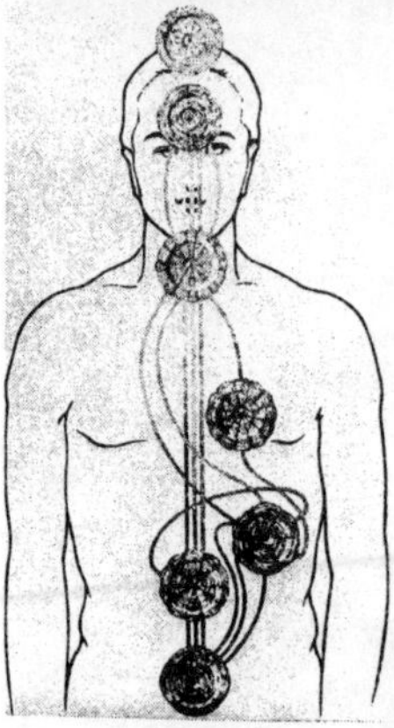

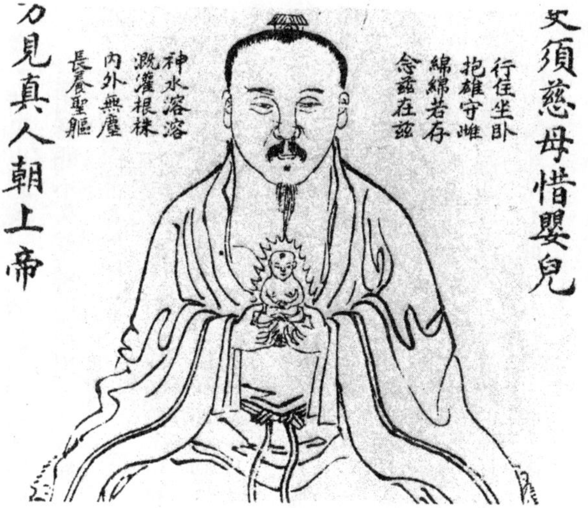

描繪手掌上出現「陽神」的仙道書。

內部光環真的這麼模糊不清嗎？

關於此，可以從仙道得到最佳啟發。

本書一開始就提到，仙道進行瞑想結果看見的內部光稱為丹光，其出現時的狀況可以說幾乎與內部光環一模一樣。筆者親身體驗結果，仙道與瑜伽開發此光的情形很相似，不論過程與光芒狀態均類似。

不同的只是出現後的處置方式。

仙道將光環凝縮，製成長生不老的仙丹，相對於此，印度瑜伽將此光環無限度擴大，形成自己意識可以進入的瞑想空間。另外，瑜伽將發生的光與特定位置的光環連結，仙道則不同，認為此與身體全部有關係，因此不像瑜伽開發七種不同位置的圓光。

除此之外，瑜伽努力使自己見到七種或八種顏色的光環，仙道則只修行看二種，亦即金銀二色光環。仙道書中雖然也有記載其他顏色的光環出現，但都只有一句話，不要管它。

既然是為了使相同光出現，為什麼又有這些不同呢？一開始筆者也不能理解，既然本質一樣，結果也應該一樣啊！難道是當時的作者在耍把戲嗎？

這項疑問不久就煙消雲散了，仔細思考，其實這只是依各人所進行的體系，各自利用、開發適合的內部光而已。

瑜伽努力形成神秘的七種中樞，只是為了看起來像蓮花（蓮花有七瓣，是印度宗教上的象徵），這是印度傳統的習慣。仙道製造長生不老仙丹，也是承襲自古傳下來的練丹術原理。

各種神秘修行其實都使用同樣內部光，製成適合他們的物體，例如，西洋魔術就利用這種光體分身法，使各種現象出現。

中國與正統仙道不同的符咒法，也是使用這種光進行幻術。

總之，這種內部光是所有神秘行為共通的本質，使用方法不拘。了解這個道理之後，就能隨心所欲地利用，進行超幻像開發與應用。理解內部光本質的人，便可進入內部光開發法及超幻像閉眼法。

適合初級者開發內部光的技巧

此訓練法最初以閉眼狀態學習內部光，之後再以意識控制此光。最後的控制階段屬於超幻像技巧，筆者稱之為閉眼法。

這是超幻像的最基本，駕輕就熟之後，不但能進行超幻像應用，還可著手下階段的超幻像開眼法。所以，請各位有志者務必在此階段多下工夫、多花時間練習，紮下穩固根基。

■步驟1　意識集中

這是在瞑想空間看見光的步驟。

如前所述，此光瑜伽稱為查庫拉，仙道稱為丹光，西洋魔術稱為奧斯都光。這些傳統名稱均有其固有意義與獨特體系，此處統一稱為「內部光」。

想看見內部光，集中力相當重要，如果集中力不足，則即使在瞑想中看見什麼，其映像也無法持續，到頭來終究是一場空。

自古流傳許多方法，本書介紹筆者的圓光訓練法，是最具效果的方法，又分為二個步驟，請各位一步步依序進行。

◉放鬆集中法：這是為了長時間使意識集中的身體、眼睛集中法。

①坐在距牆壁一・五二公尺的距離，牆壁最好和圓光訓練時一樣無花紋，若牆上有花紋或有家具，則利用B全開（約七十三公分×一公尺）紙貼在適當場所（利用先前使用者亦可）。

房間用窗簾無法良好遮陽時，以藍、紅、黃等單色紙代替亦可。

②準備完成後端正坐在牆壁前，無法盤腿者可坐在椅子上。

▲**注意**：此時最重要的是頭、肩放鬆，將重心放在腰部（或下腹）。

③接著眺望壁面（或紙），但不是瞪著看，時間一開始十～二十分鐘左右，習慣之後逐漸增長至四十～五十分鐘（圖①）。

◉一點集中法：進行放鬆集中法訓練至意識裡身處於什麼都沒有的場所。如果辦不到就進行以下步驟一點集中法。

①準備無花紋的B全開白紙，正中央畫一個直徑二・三公分的圓形，顏色依自已喜好而定，挑選對自已而言最醒目的顏色。

②準備好之後，和放鬆集中法一樣，離壁一・五～二公尺正坐眺望此圓點。

同樣全身呈放鬆狀態（圖②）。

③時間一開始十～二十分鐘左右，習慣後逐漸增長至四十～五十分鐘。

圖①

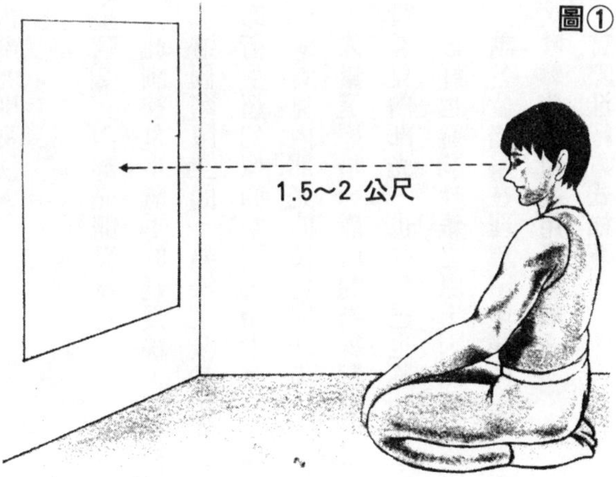

圖②

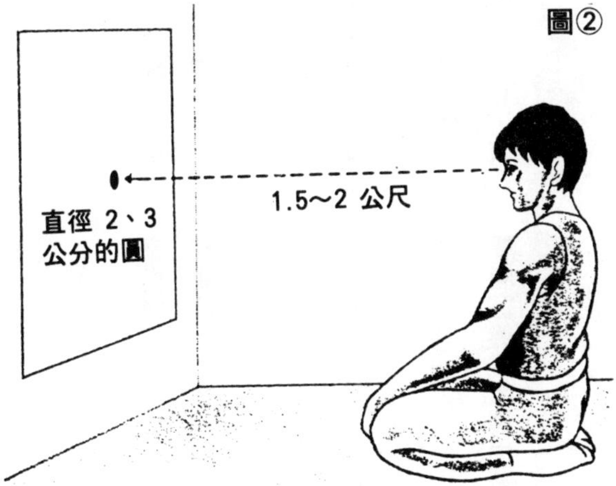

以上二種訓練進行幾星期，直到能夠不緊張地集中意識數十分鐘後，才進入本題閉眼法的內部光開發法。

■步驟2　內部光開發技巧

此訓練是步驟1的延長線，眺望目標點與前述一樣，只不過牆壁變成閉眼空間。這個閉眼空間（熟練之後就和牆壁或白紙沒什麼兩樣）是使各種東西出現的魅力空間，亦即衍生超幻像的空間，讀者應努力練習。

◉看見內部光的技巧與準備：訓練開始之前，先說明場所。

儘量選擇暗、靜房間為練習場所，因為太亮的房間即使閉眼睛也容易感覺到外在的光，假設看見內部光，也許自己也不知道。

最好也避開吵雜之處，因為耳朵意識集中也會影響眼睛意識集中。

請各位儘量在理想環境條件上下工夫，如果房間太亮，可利用雙層窗簾或木板窗遮閉光線，吵雜聲則可利用耳塞隔音。

實際進行方式如下：

①準備好訓練環境後，放鬆正坐、閉眼，但不要用力閤眼，應該輕輕閉上。

②潛意識眺望閉眼後的黑暗眼皮，此時眼睛必須放鬆，眼睛周圍肌肉不可用力，輕輕眺

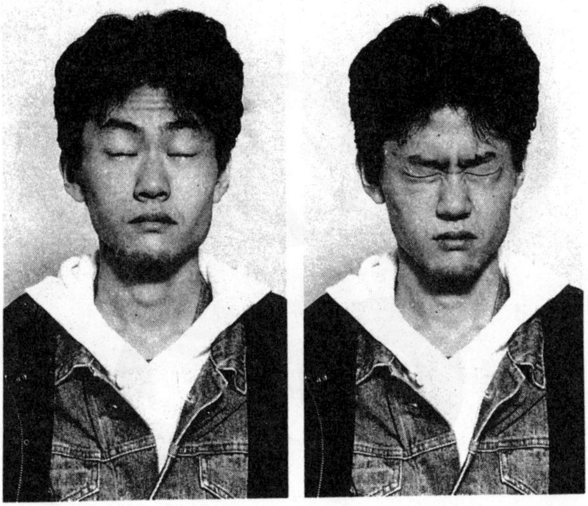

閉眼眺望眼皮內時，眼睛周圍不要用力，要像左圖放輕鬆。

望眼皮，這是此訓練的重點。

③有些人這時立刻感到出現些什麼光，但大部分什麼感覺也沒有。

④如果沒有感覺，千萬不要就這麼放棄，每天閉眼眺望眼皮二十～三十分鐘（如果可能則進行一～二小時），大概三週至一個月即可看見光。

以下說明光的感覺狀況。

內部光的出現型式與體驗實例

■各種內部光型式

每個人的內部光出現型式均不同，大致可分為五種型（圖③）。

①光點型：小光點散佈在空間，看起來忽明忽亮。

圖③

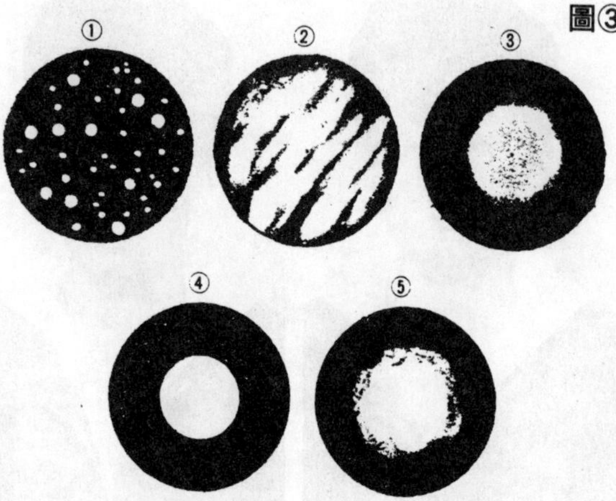

②銀河狀型：看起來像銀河在天際畫出一道寬廣的光芒。

③圓形型：與銀河狀型感覺很像，但沒那麼寬廣，而是呈圓形。

④鏡狀型：邊緣清楚的圓形光，就像鏡子浮在空間，為靜止狀。

⑤生物狀型：很清楚出現圓形，但並非如鏡狀型靜止，而是呈現明暗變化，周圍看起來就有如細胞在蠕動一般。

除此之外，還有其他種光型，但依筆者經驗而言，這五種型是典型光型，希望各位以此為最低限度努力目標。

瑜伽要求出現的光必須是第五種生物狀型，但超幻像開發並不拘泥於此。只要意識集中在所看見的光，型式倒不那麼重要。

例如，看見第一種光點型，即可在無數光

點中選一點專心眺望，並加強其亮度。第二種銀河狀及第三種圓形型則眺望中心最亮部分。

如果始終看不見光的人，可以試著到更暗的場所練習，筆者在夜裡完全黑暗的場所，就能看見閃閃發亮的內部光。

不斷練習的結果，有些人會開始看見鮮明閃光狀的內部光，當這種光很習慣地出現後，即使你睜開眼睛也看得見。

進行瞑想時，務必訓練自己能夠持續看見內部光十五～二十分鐘。

如果怎麼做都無法達到此階段，很可能是因為前面訓練得不夠充分，請各位再重新徹底地進行練習，或者從步驟2開始。

能夠清楚看見內部光的人，即可進入超幻像核心，光影像出現法。

★

關於光的開發，筆者手邊有許多人的經驗記錄，茲介紹二例較有趣者。

■仙道與瑜伽之折衷技法體驗

這是織田先生的例子。他在氣功方面也下過工夫，但沒得到什麼好成績，沒想到進入此方法後，不但開發內部光，而且還利用內部光製成藥丸（凝聚氣所製成），期間也只不過七、八個月而已。

值得注意的是光開發狀況，亦即仙道與瑜伽的折衷，以下是他的報告：

「一九八〇年二月~七月間，我依老師指示進行瞑想，結果看見內部光，以下敍述當時情形。

每天上午進行二小時瞑想，終於在小周天階段看見靑色光。

不久之後，每當意識集中在丹田（下腹部）時，就能淸楚看見藍色光。就在持續瞑想中，藍色光漸漸變成橘色光，但變色之後的內部光，看起來總感覺是在頭上，而且看見此光時，痲痺、感電狀態、能量等充實感之物便會在體內出現。

一開始只是小光點，但愈來愈擴大，不久後包圍全身，此時宛如處於無我狀態中，意識全消。」

以上是他的報告。之後作者出了一項課題，要他在內部光中保持意識、進行瞑想，終於讓他學會控制方法，甚至練出藥丸。

各位只要學會自由自在掌控內部光的方法，也能達到如此地步。

■藉內部光體驗小周天

內部光的另一個例子，是在圓光視開發法中出現過的岡坂，他在圓光視方面素質超群。這麽佳的素質也在內部光開發方面發揮得淋漓盡緻。他在進行仙道訓練沒多久（大約三

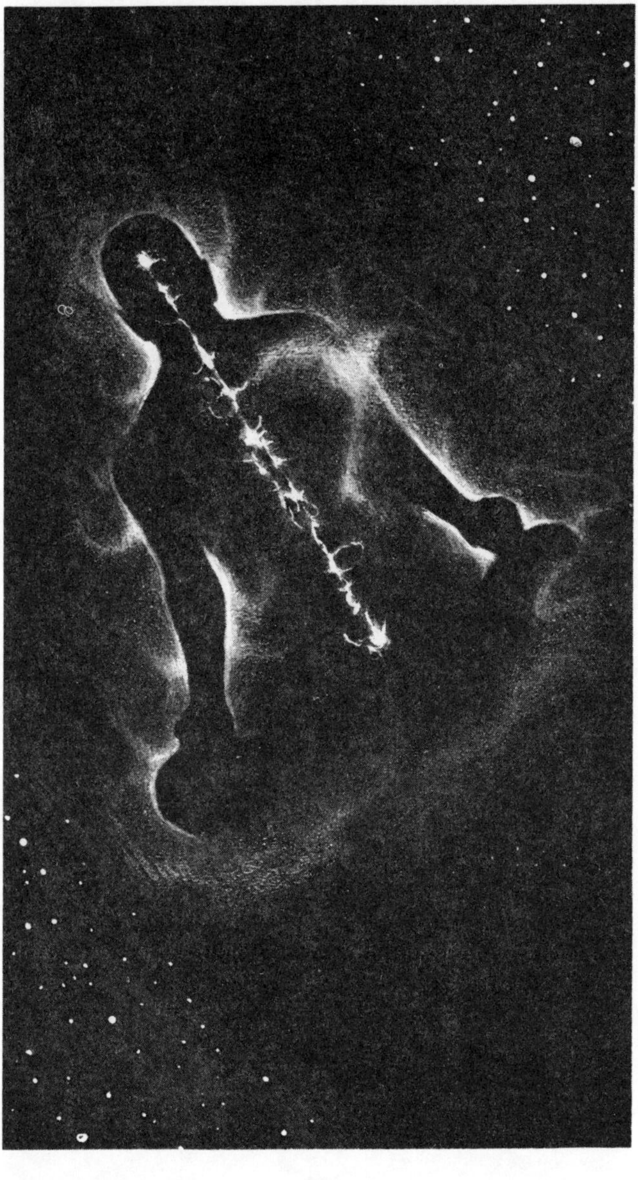

天）就看見光，而且進行小周天。

以下是他的報告：

「修行日記　一九八五年七月二十八日」

①進行下腹部呼吸法約一小時。之後意識集中於丹田，開始發生陽氣，全身感覺溫暖。

②感覺熱氣從丹田往會陰（性器與肛門中門）慢慢流下。

③雖然到達尾骨停止，但下意識緊縮肛門時，則像泡熱水一樣，熱氣從尾骨往上升。

④上升至背部停止，此部位感到溫暖的同時，腰也熱起來，下意識持續十分鐘左右，熱氣慢慢上升（背部全部是汗）。

⑤熱氣經過脖子時感到有些壓力，並持續上升至頭頂下二公分處。

⑥意識集中在頭頂下二公分處，一開始感覺溫暖，五分鐘後，好像頭部蓋著一把傘，不會感到不舒服，慢慢集中意識使頭部不發熱。

⑦頭部稍有痲痺感，慢慢地就舒服了。

⑧再集中意識一會兒，頭頂下二公分處即發生米黃色光，並迅速擴充整個頭部。持續十分鐘左右，眉間感到壓力，好像被什麼東西壓住似的，意識儘量集中在頭頂下二公分處。

⑨眉間發生綠色光，開始擴散，不久即感覺到西方的光，先前集中在頭頂下二公分處的

光向前方圍繞（感覺光在變形）。

⑩感覺光在眉間停止。

⑪開始往下降到喉部，好像有一塊狀物堵住，不久即開始發光，白色光漸漸擴散，意識集中於此，同時感到溫暖。

⑫大約五分鐘後開始下降，至胸部（膻中）停止，感覺出壓力，繼續集中意識。不一會兒，塊狀物從上看像順時針方向迴轉，不久即發光擴散，使意識集中於此漸漸往下降。

⑬降到肚臍處停止，感覺很舒服。

⑭溫暖感隨之而來，五分鐘後往丹田下降。

⑮在丹田處養溫、練陽氣，使之擴散至整個身體，然後再集中於丹田。

⑯反覆幾次後，突然覺得被什麽包圍似的，不知什麽時候失去意識（就這樣坐了一小時）。

⑰恢復意識後進行調氣。使氣回到兩手之間後結束此段練習。

★

由上述岡坂及織田的修行報告得知，其實光的顏色有許多種，他們實踐的是仙道而非瑜伽，不過不管怎麽說，都會見到多彩之光。

其實織田的體驗很接近瑜伽，但他卻煉出象徵仙道的藥丸。

事實上這就是內部光開發的實態。本來仙道與瑜伽是不相干的，究竟實行仙道或瑜伽，端看實踐者本人具有的意識。

筆者將內部光擴大為超幻像的理由即在此。

光影像現出法

能看到彎曲內部光的人，接下來就可以進入使用想像力，使光影在眼皮裡出現（或瞑想空間內）的訓練。

老實說，從現在起才真正是超幻像的入門階段，只看到內部光還稱不上超幻像。

以下敘述筆者親身經驗設計的步驟：

■步驟1 出現光線影子

這是比想像更單純的「線」，為使內部光影子出現的訓練。有二種不同方法，一一介紹。

◉方法1：首先靜坐閉目，呆然地望著內眼皮，接著意識想像「一」形的光影在眼皮內出現，不久即可明顯感覺看見「一」的光影（圖④）。

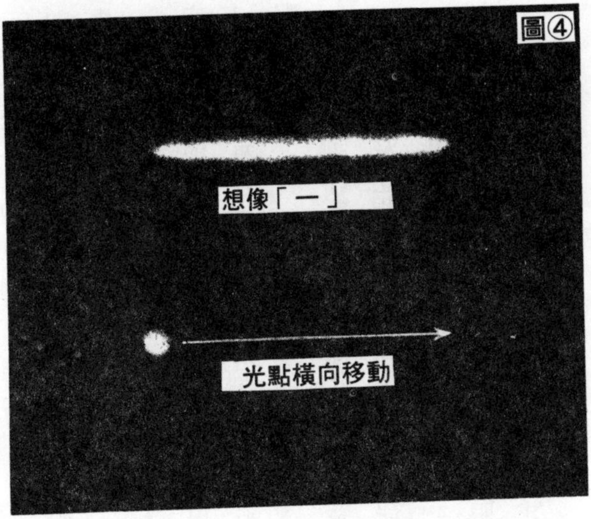

但一開始還不清楚這究竟是自己心中浮現的影像，還是事實出現在眼皮內的影像。

開眼法的場合也可以讓他人看見這種情況，所以沒什麼問題，但閉眼法的場合就必須時刻意識到這一點。

不過依筆者經驗，最好不要注意到這一點，因為一開始根本無法區別所見是想像之物或實際之物，直到讓別人看見後才知道這是客觀映像。

所以，即使開始是想像之物也沒關係，只需重視你看得見的結果。

為了確定你看見眼皮內的東西，必須反覆練習至熟悉為止。

◉方法2：如果照方法1無法看到的人，就使用下一個步驟。

首先下意識瞪著閉眼後眼皮內的一點，不

久即會感覺到光點，這時你一邊維持意識集中，同時往橫向一動（圖④），應該可以看見「一」光線。

或者即使沒感到此光，只是意識（視線）橫向動「一」形也可以，照這個方法反覆練習幾次，就看得見光的影子。

◉光影的安定化：不論使用哪一種方法（或者兩方均用也可以）使光影出現，都必須使它安定，亦即每次進行都達到光形鮮明的程度。

訣竅就是在同場所使稍縱即逝的光影反覆出現，依筆者經驗，每次練習十回以上，光影即可安定。

該安定到什麼程度呢？最好是清晰的光線維持六～十秒鐘。

◉一開始出現鮮明光映像：鮮明光影能維持一段時間後，現在則一開始就讓清楚的光線（即「一」影子）在眼皮內出現。

此處練習不必經過其他過程，只要閉眼瞬間（或意識集中後）即使完整形狀出現。

完成之後才算是達到超幻像第一步要求，可以進行更複雜的映像訓練。

■步驟2　三角形光影現出法

熟練過使「一」形光影清楚出現的人，則進入使各種圖形影子出現的訓練，雖說圖形，

圖⑤

倒也不是什麼複雜的圖案，像「○」就算困難了。

筆者經驗中最簡單的是「△」，其次是「□」，接下來則是多條線連結之光影。

以下就從△開始最簡單的線條光影應用。

◉連接光線的方法：

瞬間即出現△形當然很好，但並非每個人都如此順利，所以請參考下列順序。

①首先使光影「一」出現，接著向一邊頂點拉一條光影，最後再使另一邊光影出現（圖⑤）。

或者在眼睛集中點使光點出現，然後像用鉛筆描出△的影子。

②一開始畫的時候，可能前面部分會消失，這沒關係，仍然繼續練習畫光三角形，熟練之後，即可出現三邊完全的三角形。

■步驟3　使各種圖形光影出現

能夠自由自在使光三角形出現後，接著往稍微複雜的圖形進行。不要一開始就挑戰複雜圖形，最好從簡單著手，依序前進。

以下敍述筆者經驗比較容易導出的圖形，請各位依此練習。

□：這是△的延長，可以開始就畫出完全四角形，也可以像△一樣一條線一條線完成。

＋：首先使「—」或「｜」線出現，接著再導出分叉線。

多角形與圓形：從⬠、⬡、○漸漸複雜，超過六角形之後就與圓形差不多了，不用刻意製造完美的圓形，初學者只要畫到三角形與圓即可。

記號類：記號可說有無數種，但初學者不要使用太難的符號，像♂、♀、仐、∞、φ、☆程度即可。

這些是之前形狀的複合形，感覺上是二種形狀重疊使用。例如♀記號，先畫圓形，下面再加上＋記號，一開始可能畫下面、缺了上面，請各位不要灰心，繼續練習至完成圖。

◉圖形映像的輔助訓練：完全依照上述進行即可導出圖形的超幻像，但並不是每個人都如此順利，有些人怎麼也做不了。

為了這些人，筆者編出一套輔助訓練，希望各位試試看。

①首先準備B全開或半開圖畫紙，畫上△、□、＋、○、♂、♀、仐、∞等圖形及記號

，兩者之間不能靠太近，以視覺不同時看到二種圖形為適當距離。如果畫在同一張圖畫紙上總覺得會看到旁邊圖形時，可以一個圖形畫一張紙。

②做好後將圖畫紙貼在牆壁上，每個圖形多看幾次，直到閉上眼睛仍會浮現圖形為止。

③首先睜眼三～六分鐘，凝視此圖形之一種，然後快速離開視線眺望空無一物的空間，或者牆上沒有任何東西的部分。這時會看見殘像，就這樣凝視一會兒，或者立刻閉上眼睛凝視殘像。反覆練習至眼前能夠出現圖形映像為止。

■步驟④　利用超幻像使文學出現

藉著以上訓練能使記號、圖形等光影出現在眼皮內後，現在進行更複雜的文字、數字訓練。

方法為前述方法的延長，所以不需要特別重複練習什麼，而是從較簡單的數字開始，慢慢進入比較簡單的國字。

一般國字相當複雜，沒有經過特別訓練的人很難做到。

但不管怎麼說，能夠掌握如此複雜訓練的人，即可進入下一階段「使物體、風景出現的訓練」。

超幻像的發達

能夠自由自在地使以光為主體的超幻像出現之後，就可以進行更複雜的訓練，例如，使物體或風景的映像光出現。

■使單一光映像出現

■技巧1　只靠想像法

①如前所述閉目眺望眼皮內側（或瞑想空間）。

②相同要領使光的影子出現在眼皮內（或瞑想空間）。一開始最好使其形在心底浮現，例如，鉛筆、帽子、喜歡的衣服、小狗、小貓或那一個人等熟悉的影子，然後在心底描繪其細部（圖⑥）。

③當然，能夠立刻使光影安定地在眼內出現者不多，通常都是不相干的光芒，或一瞬間出現後立即消失的情形。

★但千萬不可因此而放棄，必須經過反覆不斷地在心底想像此物，並儘量使光影持續。

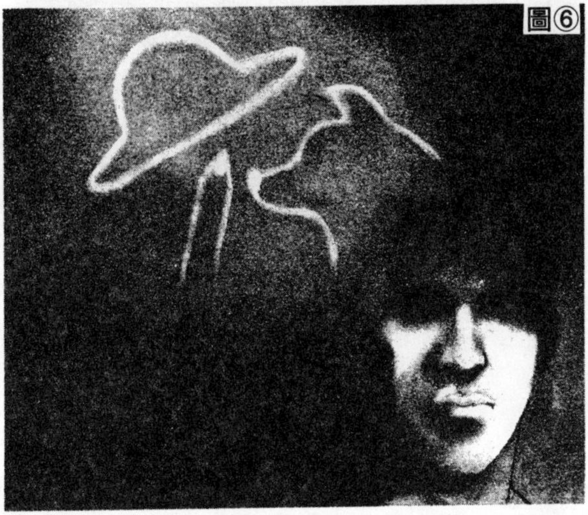

以下敍述筆者的情形供各位參考。

心底先想像之前出現過的線條或記號，並將視線放在眼皮內（當然是閉著眼睛）。一開始很難成形，所以配合前述，將視線放在光點上，或使線條一根根出現，熟悉之後即可掌握完整的△或□。

談到當時的意識狀態，必須感覺記號或圖形等單純由線條組合成之物在頭部前方（也就是臉）附近出現光的印象，就好像在此處製造光影一樣。

至於人或較複雜的形象，則必須先在心中清楚描繪其形，掌握完全之後再往眼皮內移動意識，使此物呈現光影出現。

其過程與記號或圖形不同，先在頭的後部或身體（胸部附近）內想像，接著將意識移往眼皮內，使這些印象呈光影出現。

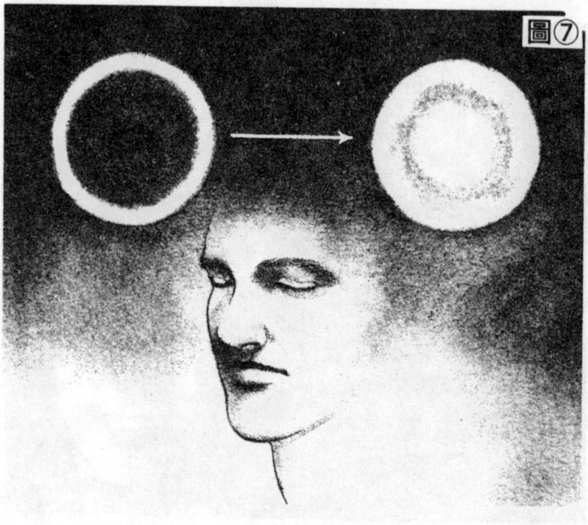

圖⑦

由於過程不同，所以二者的明亮度也不同。同樣都是映像，但後頭部為相當普通的顏色（感覺稍微暗了一點），眼皮內則看起來像金色或銀色。

◉技巧2　使用光輪廓的方法

如果光靠印象無法使光影出現的人，可以利用前述使用光線或光點的方法。例如，使用光線時，先描繪事物的輪廓，描完之後再使內部發出光芒（圖⑦）。

但老是靠此方法不會進步，所以，在影子能彎曲之後，就必須回到步驟1。

■使複數光映象出現

以上所述均為使單一物體映像出現，接下來則進行同時使二、三種光映像出現的訓練，例如，一對男女、狗與主人、家與站在門口的

人等。

同時能出現多種映像後，最後則使各種風景成為超幻像出現。達成此目標後，即可從閉眼法階段畢業，進入開眼法。

★

一般而言，超幻像的映像是光的影子，所以感覺與現實所見完全不同，雖然從風景或人物等複雜映像中仔細觀察，甚至能夠看出細部，但由於光度太強，總還是無法感覺出是現實之物。

不過在你熟練之後，還是能夠達到看起來像現實之物的境界。筆者是在四國山中進行仙道指導時注意到此現象的。

就在訓練的第二天或第三天夜裡，大伙兒在客廳聊天至深夜。

大約二點左右，筆者感到有些睡意，於是閉上眼睛聽大家的談話，不知道是不是白天練陽氣練過了頭，總覺得睡不著，於是我停止一切意識眺望眼皮，希望藉著瞑想使身體休息。

突然這時出現鮮艷的顏色，接著出現五、六個人，愈看愈覺得這些人很奇怪，全是紅、黃、藍三色的帽子、上衣、長褲（都不同色），連臉部也出現黃、紅、藍三色光芒。

只有身體是由一種不清楚的幻覺色組成，感覺很普通，連細部也觀察得到。

仔細一看，他們排成一列像機器一樣地動著，動作很奇怪，一下頭部頂地倒站，一下全身旋轉不停，反正與一般人動作不同。

嘿！真有趣，筆者盯著看了一陣子。

忽然光景一變，別的東西出現了，這是陽光燦爛的森林風景，樹木在陽光照耀下閃閃發光。

就在感覺真美麗的瞬間，風景開始快速移動起來，就好像搭乘空中纜車在森林中繞行一樣，實際上是風景在我面前快速移動，那種感覺真的好像坐在纜車上遊園。

即使速度相當快，但卻清楚看見一草一木的細部，連遠方樹葉都看得一清二楚，這時視力與距離無關，只要你眼睛朝某一方向，那方向再遠處的樹葉都看得清楚，心裏感到一陣激動。

由於太不可思議了，於是我閉著眼睛告訴在座各位此光景，大家不約而同發出驚叫聲。

正好岡坂也在其中，我突然想到他也許能看到此光景，於是叫他過來坐在我旁邊，我的手放在他的手上方運氣。

不一會兒即聽見他睜眼說道：

「眼前好像有一幅畫快速移動，畫中出現森林風景。」

於是筆者請他將所見光景逐一描述。

岡坂開始敍述剛剛看見什麽光景、現在移動至什麽光景，沒想到這些光景與筆者閉上眼睛所看見的光景一模一樣。

夜更深了，於是我們中止此行回房睡覺，但這種奇妙的體驗使我意識興奮，根本睡不著。

這種經驗後來也發生過，每當到自然氣強烈的山中、森林時，就會看見一、二次，而且每次都是先出現幾個人，然後才出現森林光景。

依筆者的直覺，是山中或森林中的精氣（或精靈）帶著筆者遊園。

此後，這種似夢似幻的現象就不曾間斷過，當想讓其他人看的時候，他們也都能見到相同光景，這也是超幻像的一種。

以上供各位參考，開發超幻像能力後即可達到這種境界。

第三章

在虛空中使光印象出現的開眼法技巧與應用

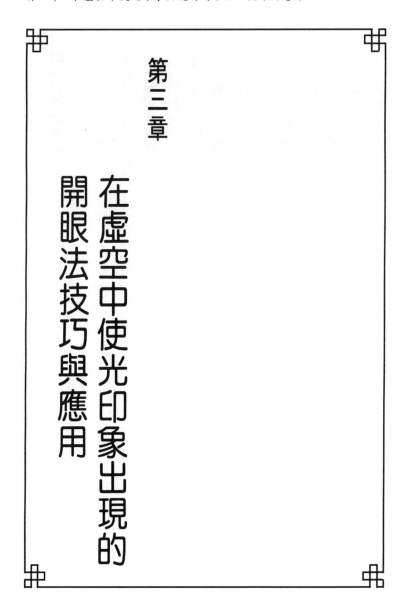

超幻像必備的氣

前一章介紹的閉眼法，每個人都能看見光體，但卻出現一個困擾，就是到底是真的看見，或者只是單純心的想像而已？而此處所介紹開眼法，則完全沒有前述的煩惱。因為運用此技巧，可以使他人也見到自己所看見的超幻像。

但這可沒那麼容易，理由先前已經說過了，需要異常強烈的集中力與能量。像筆者這種練過氣功的人，如果使超幻像長時間出現，便會感到體力消耗不少。對於體力不足的人而言，即使用盡全力，也只能使幻像出現一瞬間而已，而若真能使幻像出現，即使一瞬間也會令人興奮，因為大部分的人只能使他人看到若有似無的超幻像而已。

當然，素質比較好的人，也許不用消耗太多能量就能達到目的，像常在歐洲出現的利用超幻像使他人看見小仙女的小孩們，就是這種情形。也們不必像筆者這樣集中意識力，只要放鬆狀態即可完成。

只不過這仍然需要強力能量，他們本身與生俱來的能量，加上來自森林的自然能量，才可使此影像出現。

其實筆者的情形也一樣，每當在滿是樹木的山上進行超幻像開眼法時，就會使普通看不

如照片所示許多小仙女存在的畫面，有種種傳說，也可視為超幻像的出現。

見的影像出現。關於這一點，將於第五章再介紹實例，這裡只先告訴各位，自然能量真的能使影像更清晰，像筆者即使持續一、二小時，使用的能量也比平常少。

理由之一就是山中樹木發出強大力量，不斷流入筆者體內，以及處於這種環境中，意識非常放鬆之故。

但一般人不可能總是在最佳環境下練習開眼法，所以就得強化自己的生體能量（氣）威力。其具體方法限於篇幅無法詳述，請自行參閱前著『秘法！超級仙術入門』、『驚異超人氣功法』等書。

當了解開眼法最重要關鍵，強化生體能量（氣）後，即可進入實際開眼法。

利用開眼法使超幻像出現

開眼法的第一步是從開眼狀態看見光影開始，這對於熟練前章閉眼法的人而言，並不特別困難，只要稍微加強訓練即可達成。

先從技巧開始介紹。

■步驟1　開眼看光影像

①首先準備B４無花紋圖畫紙（約二十六公分×三十七公分），顏色儘量多樣化，如此才可測出哪一種顏色最不會讓眼睛疲勞。

圓光視訓練時使用過的圖畫紙可繼續使用，但進行閉眼法時在圖畫紙中心畫上圓點的紙就不能用了，因為這個圓點會影響超幻像的意識。

②將圖畫紙貼在牆上或置於桌上，自行選擇較不易使眼睛疲勞的方法。

③選擇與圓光視訓練同樣的環境條件，傍晚在微暗的房間進行。如果這個時間抽不出空的人，可在其他時間將房間佈置成相同採光狀態。

④以上條件齊全之後，面向圖畫紙離五十公分～一公尺正坐。接著睜開眼睛像閉眼法要

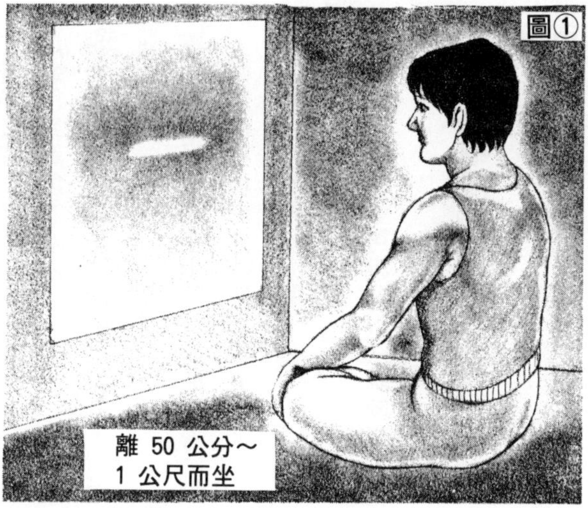

領使光影出現，最好從單純線條「一」開始（圖①）。

對於經歷過圓光視訓練、超幻像閉眼法訓練的人而言，這是很簡單的訓練，也許「一」光影立刻出現在圖畫紙上。

⑤如果沒辦法使光影出現的人，就與閉眼法一樣，集中意識使光芒在開眼狀態下短時間出現於紙上，反覆練習幾次使光點能自由出現時，便將視線往橫向移動，畫出「一」的光影。

⑥能夠使光影出現後，便開始進行持續訓練，最初以三、四秒為目標，然後漸漸增長時間，達到持續十秒光影為止。

▲**注意**：試過的人就知道，這比閉眼法需要更集中意識，而且使光影持續十秒，對眼睛是一大負擔，所以最好避免一次長時間練習，集中意識進行一次就休息幾分鐘，進行十五～

二十分鐘就停止。

⑦能夠使光影持續之後，接著將意識集中於形狀上，使亮度不斷增加，最後達到光影看起來是金色或銀色的階段。

⑧「一」形狀鮮明、持續出現後，現在使複雜一點的圖形出現，最好是閉眼法中使用過的△、□、＋、⬠、○等單純記號。

要領與閉眼法完全相同，能使圖形一次出現最好，如果做不到，就利用線條組成其形。當然，必須使出現影像如⑦持續光亮。

⑨單純記號出現後，練習♂、♀、⚨、∞等複雜記號，接著練習數字、國字等，這些練習恐怕得花上一段時間。

練習到此階段，可說開眼法訓練已相當成熟，接著進入第三者看見超幻像的訓練。

使他人看見超幻像的技巧

■步驟2 使他人看見幻像

這項訓練的技術並不難，只要依照以往步驟一一進行即可達成。

但也不是完全沒有問題，如前所述，如果你的氣不足，那麼即使超幻像出現，也會因為

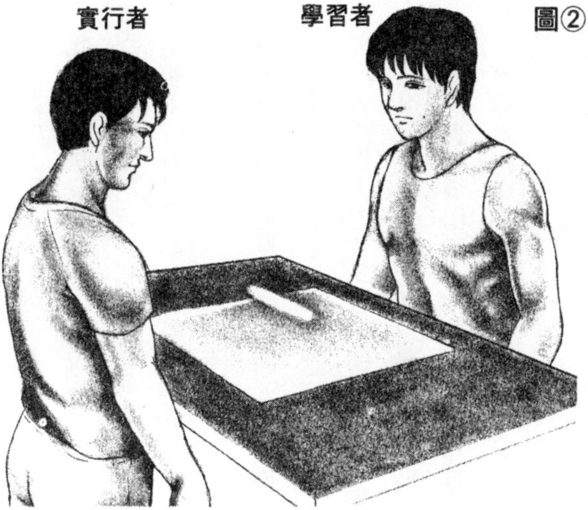

圖②

光太弱而無法使他人看見，或者由於為了發出強烈能量而過度緊張，造成超幻像無法形成的結果。

總之，必須在既放鬆意識又發出強烈氣威力兩者兼顧下，才能完成此階段，這點對於初學者並不容易，最好有恆心地練習。

以下是訓練順序：

①這項訓練必須有對手，可以挑選稍具敏感度的人看超幻像。

在桌上放一張圖畫紙，兩人對桌而立（圖②），眼睛與圖畫紙的距離三十～六十公分左右。

②實行者對圖畫紙放出光幻像，一開始以點狀或簡單「一」狀為宜，接著集中意識使明亮度增加，詢問對方有沒有看見。

③熟練之後，則進入△、□、＋、⬠、○

等單純圖案，問對方看見什麼。

▲注意：如果五種圖形對方都沒說中，表示你的超幻像還沒達到讓他人看見的地步，請你以此為目標，反覆不斷地練習。

此時重點是發出光幻像的位置及形狀（例如三角形的銳角向哪一方？三邊長如何？）之正確程度，如果對方說得不正確，那便是他以意識來解讀，而非實際看見超幻像。

④能讓對方看見△、○等簡單圖形後，就發出∞、♂、♀、⚲等複合記號光幻像讓對方看。

依筆者經驗，這些幻像很難完整，因此，只要對方說得接近即可。

★

實行者的集中力及氣對於使幻像清晰顯示相當重要，一旦集中力不夠或氣不足，幻像立即崩裂，這就是為什麼形狀會變來變去的原因。

而實行者所發出的光幻像，對方可能得過一會兒才看得出來，這不僅在實驗最初出現，而是在實驗進行中相繼出現。例如，在△之後出現□幻像時，對方可能得過一會兒才看得見□。

這和氣的感覺特徵相似，氣功法的氣感覺實驗也是相同結果。例如，一個人運氣使兩手掌相向，另一個人以手刀切下，必須過一會兒才有被切開的感覺，閉眼時感覺比較明顯，習慣之後睜開眼睛也能感覺。

從此例可以確信，運用在超幻像中的威力和氣功中的氣一致。

只要有以下特徵出現，對方就一定能看見實行者發出的超幻像。

①看見與正對面實行者正好相反形的光影。

②對兩個人而言，看見光影的場所有微妙的差異。

③實行者發出光幻像後，對方過一會兒才看見。

④形狀因實行者集中力或氣不足而歪曲。

使光幻像浮在空間的技巧

能夠使他人看見光幻像後，現在練習使光幻像在空間出現，而非在圖畫紙上出現，亦即在空無一物的空間使光影出現，並讓他人也看見。

這就好像將空間當成一個影像記錄機一樣，在黑暗的空間映出鮮明的△、＋、个等記號，而且形狀依實行者所言而改變，一開始看見此光景的人，都露出彷彿妖怪出現的表情。

但這種超幻像對筆者而言並非難事，最重要的是熟練前述使超幻像在圖畫紙上出現的技巧。

但也並不是說此階段相當簡單，畢竟你必須在極普通的空間使鮮明的光幻像出現，這時的集中力與本身能量相當重要。

以下是筆者經驗之最容易開發法說明，其中時間與環境條件很重要。

■使光幻像容易在空間出現的環境

◉時間：最好避開採光良好的白天，因為就算你發出幻像，但初學者可能因幻像亮度不夠，在日光的掩蓋下根本看不見。儘量在傍晚之後，戶外十分黑暗時再練習，依經驗來說，這與圓光視開發訓練不同，必須在全黑狀況下才會產生良好結果。

◉環境：最佳環境是空曠的房間，但也不必太過神經質，只要沒有戶外光線，並且房間物品整理好就夠了，但必須注意堆積的物品高度，不要使光幻像與物品重疊，如此就可開始進行練習。

■使幻像在空間出現的訓練

①時間與環境條件具備之後，先從閉眼法、使用圖畫紙的開眼法等使光幻像出現，做為超幻像的暖身運動，此階段（①～④）也必須讓他人看見光幻像。

②做好準備工作後，接著將眼睛移往自己喜歡的空間，發出線條單純、光度鮮明的「一」

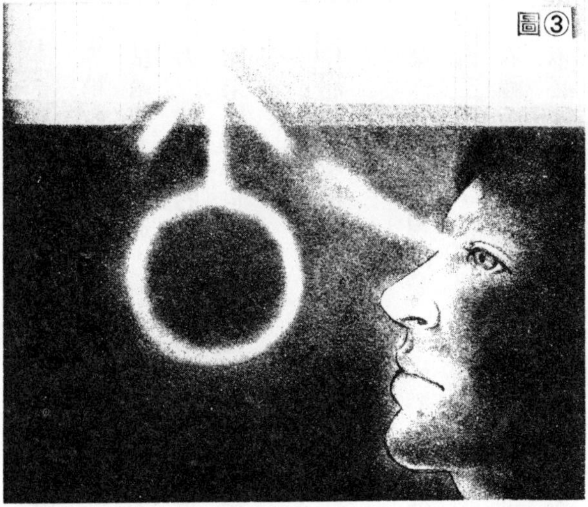
圖③

，光影出現後集中意識使亮度增加、持續。

③接著發出△、□、＋、⬠、○等單純圖形，並注意亮度與持續時間，每一個記號都必須維持數秒鐘。

④最後則發出∞、♂、♀、♁、數字、國字等複合記號。如此即完成預備訓練（圖③）。

⑤當獨自練習充滿信心後，就可以請對手來看自己發出的光幻像，和前述一樣，必須仔細確認光幻像的位置及形狀。

★

筆者在進行此項實驗時，請三、四位同學任意坐在房內各處，結果每個人所看見的超幻像位置依他們的座位而異。

譬如筆者在離數公尺的牆壁正上方使光影出現，坐在牆壁旁的人在遙遠的對側看到此幻像，而坐在筆者右手側的人，則在自已右前方壁上看見此幻像，總之，每個人看見幻像的位置不同。

⑥當你能夠自由自在使光幻像在空間出現後，接著嘗試發出人、動物、植物、家具、器材類等稍微複雜的光幻像。

試過的人就知道，這不只是形狀複雜而已，還需要非常充足的能量與維持長時間的意識集中力，如果你的氣不是相當強，就很難達成此目標。

如果你怎麼也做不好，請再加強你的生體能量（氣）。這往往是導致失敗的原因。

自在操縱圓光的技巧

第一章「圓光視開發」中提過印地安咒術師的故事，他們利用腹部圓光延伸的光繩即可登崖自空中滑下，使用超幻像也和這種情形差不多，但這得累積相當的修行才可達成。

不過入門程度的超幻像應用則馬上就可進行，像筆者在對方不知情的狀況下，伸展此圓光（不必非得腹部圓光不可），即可摸到對方的頭，而且手部實際會感覺觸摸到物體。

另外使用此技巧也可簡單調整圓光，例如，第一章所述之圓光缺損、左右不對稱等異常，幾乎均可治療。

反正關於圓光之種種，只要利用此超幻像開眼法，大部分均可達成。

此處先介紹最簡單的「延伸圓光形成各種物體的方法」，以及與第一章有密切關係的「利用超幻像修正圓光法」。

■延伸圓光形成幻像

這是使手指發出圓光形成各種形狀的技巧。熟練之後，可以讓他人看見幻想的影像如同現實之物。

①首先自然放鬆讓五根手指稍微張開，然後看著手指放出的圓光，之後集中強烈意識於指尖，使圓光愈來愈增強。

②看見由每根手指噴出煙狀般影子後，五根手指併攏，將每根手指發出的圓光結合起來，從手指中心發出強光，這時需要更大意識力。

▲注意：如果圓光伸展後顏色始終不清晰，那就是生物體能量不足，最好先練氣功運氣。

③當五根手指合併發出的圓光達到一、二公尺距離時，便縮減手指數。先將大拇指往內彎，接著小指內彎，最後無名指內彎，只剩食指與中指（只剩一指最好）發出與一開始同樣強度、明亮度的圓光，然後再移往下一個技巧（圖④）。

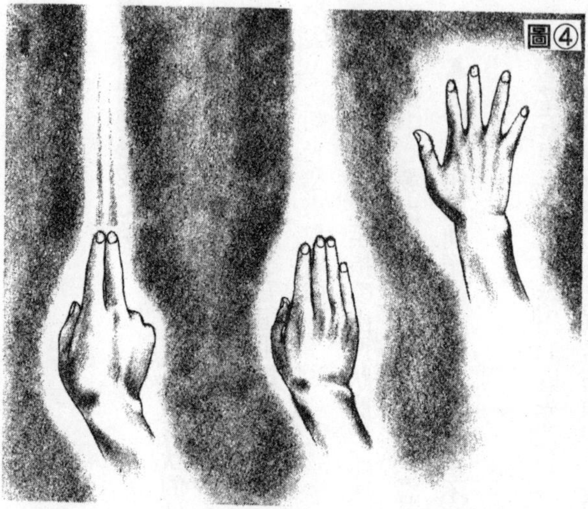

④使手指發出的圓光漸漸增強光芒，接著利用意識造出各種形狀，例如長劍、喇叭、光環等形狀，只要你想得到的都可以使之成為幻像。當然自己看見還不夠，必須確定他人也見到了。

★

筆者以前經常做這種練習，像與弟子互相放出光劍對打，或者將手指延伸至天花板之類，常常令旁人發出訝異的眼光。

筆者曾在靜岡縣三島某位學員家中進行超幻像。

那時他家全部成員，包括與這方面毫無關係的親戚都在旁觀看。

筆者手指放出圓光數公尺後突然縮回，周圍大騷：「看他的手會伸縮吔！」隨著筆者放出各種形狀物體，一旁在座者更是驚訝！

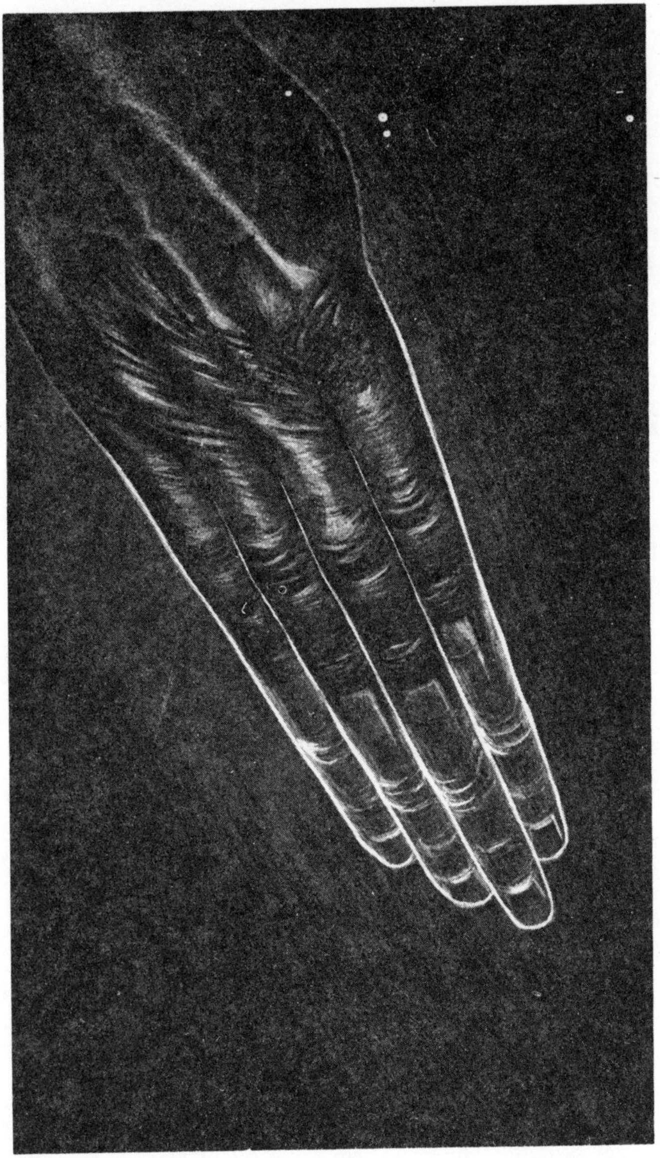

進行中受到現場能量影響，形成某種光影，牆壁出現奇妙人影。

「那裡站著一個人吔！」

有些女性嚇得把頭低下驚叫，筆者只好趕快開燈結束表演。

後來我又應主人之邀，在長岡溫泉表演更奇妙的現象，將在第五章介紹。

⑤如果光能量太弱，就沒辦法形成光劍，但只要有恆心不斷練習，不僅長劍而已，你還能製造出各種物品，就像電影上所見從超能力者手中放出劍一般。

應用範圍還不限於此，你甚至可以從手指發射光子彈，敏感的人會感覺到痛。

以下介紹有趣實例：

★

筆者在東京足立區教授仙道時，弟子中有位名為中澤的超能力者，他素質相當好，不僅看得見圓光，還會除靈，由於一開始就懂運氣法，所以立刻進入氣功中的強化氣訓練。

有一天，強化氣訓練結束後，向包含他在內的數人談有關從手發射圓光製造形狀的技巧，並且實際示範讓他們看。

最後我說明發射圓光子彈的方法，並實際朝他發射，結果他啊—地一聲，雙手遮住眼睛直叫痛。

筆者又對其他人試了幾次，結果比較敏感的人均與中澤相同反應。

利用手掌圓光使各種幻像出現

利用手指放出的圓光可以形成各種光幻像，但範圍還是有限，畢竟圓光形狀是以手指為基點形成的細長形，所以創造幻像有限。

例如長劍、百合花、喇叭等細長物品可以簡單做出，但像球、人體之類形狀就沒辦法了，雖然勉強從指尖圓光也可製造出，但總是不自然。

解決之道就是現在要介紹的利用手掌發出圓光法。

這是利用超幻像使圓光在雙手間，或單手上方出現各種光幻像。

這是控制指尖圓光法與控制全身圓光法的前奏，熟練後自然進入下一階段。

首先從比較容易的兩手掌放出圓光入門，接下來再單手進行。

■利用兩手掌圓光形成幻像訓練

①首先兩手手掌相向，各手掌發出氣，亦即圓光，並使光度漸漸增強、增厚（圖⑤）。至少手部必須用一點力才能圍起來的程度。

②接著雙手張、合使圓光伸、縮，當感覺清楚之後，便將兩手手指往內彎曲，形成球體

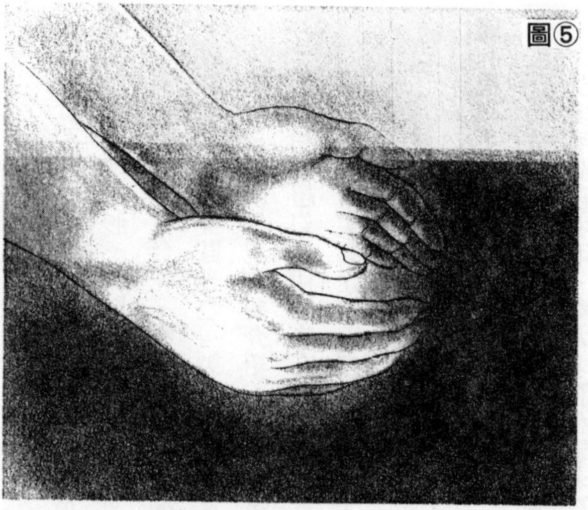

圖⑤

狀。

③以此球狀幻像為基礎，利用雙手手掌造出你所想要的影像。例如你想要個人形，就照心裏所想的形狀，利用雙手手指微妙動作使人形出現（圖⑥）。

▲**注意：**如果形狀稍縱即逝，表示發出的能量不足，必須強化你自己的能量。如果實在已到極限，就先進修氣功法。

當你學會雙手形成幻像後，接著進入只憑單手圓光形成幻像的訓練。

■**單手圓光形成幻像訓練**

①首先單手往前上舉至胸部高度，另一手自然下垂。從上舉的手掌放出強烈圓光，但和手指放出圓光不同，這時圓光距離不用太遠（圖⑦）。

圖⑥

圖⑦

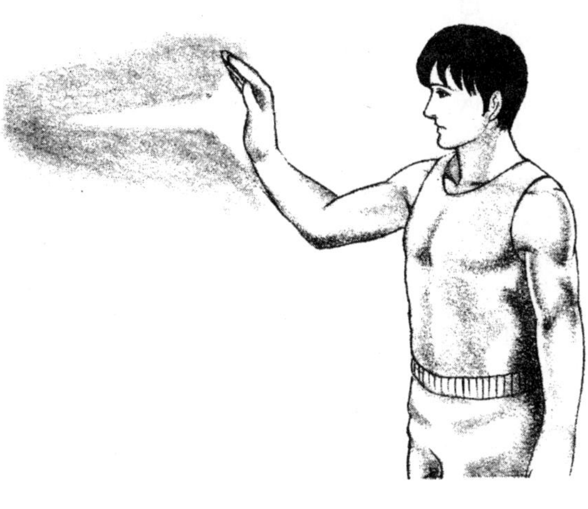

②以意識使圓光忽明忽暗，接著使圓光忽大忽小，或者伸縮。

③至此完全以意識製造各種形，剛開始從最簡單的球體起步，循序漸進。

依筆者經驗，圓形比有角形狀簡單，這一點與在平面上形成圖形的超幻像基本訓練（閉眼法、開眼法）正好相反。

★

關於此也有一些實例，以下即向各位介紹一則發生在四國山中的例子。

那是一次超能力氣功法的講習會。

夜裡集合進行圓光視訓練後，我向學員們示範此項技巧。

我先關掉電燈，然後一個接一個叫他們站在空無一物的牆壁前，讓他們發射出圓光，當所有人都理解微妙的搖動形狀後，筆者開始著手超幻像。

一開始，我用手描形狀，讓他們坐在筆者面前確認圓光形狀。

接著，用手描頭腦想的圓光形狀，並利用超幻像變成帽子形狀。

之後，手邊動邊製成巨大彈簧形，每個人頭上都像戴著彈簧帽子一般。

接下來又變成百合花開形，大家都難以置信地凝視此光景。

由於筆者利用每個人頭部發出的圓光，所以自己的能量消耗不多，因此能長時間進行。

一般大眾只知道利用自己能量進行超幻像，其實利用他人能量也是一個好方法。

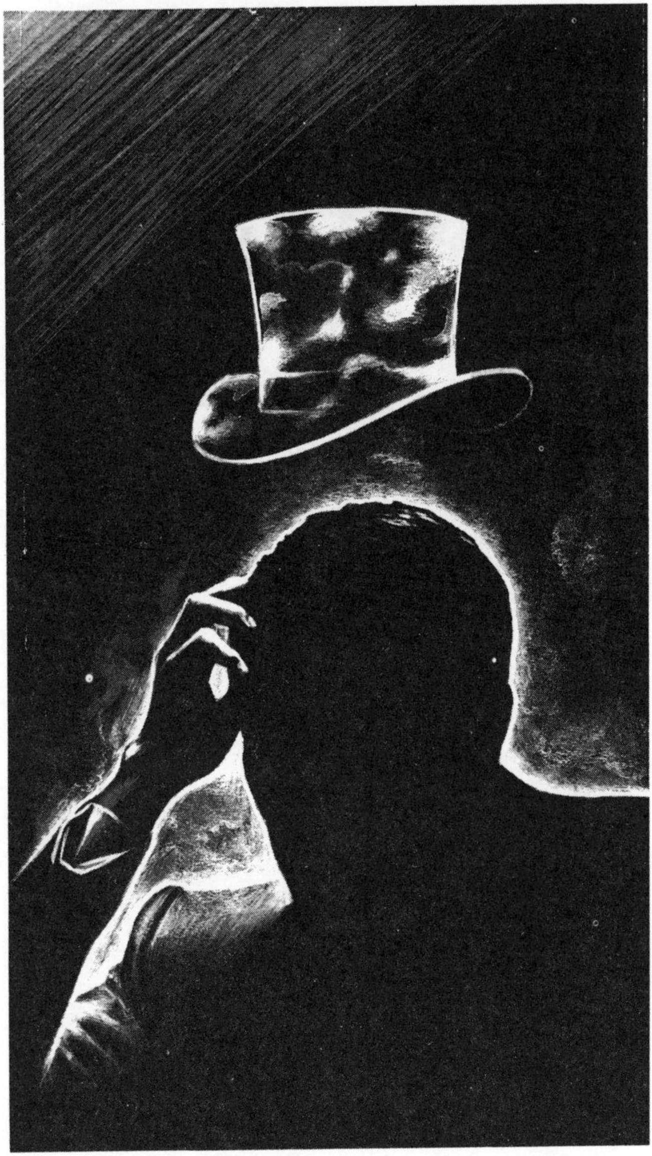

但利用此方法時，必須選擇非常強力的場所，例如，樹木或大地威力強烈之處，如此可使超幻像效果更佳，當然也可以利用其他人的力量。

生物體能量弱的人應特別注意此技巧。

熟悉此技巧後，即可進入控制全身圓光的訓練。

控制全身圓光的方法

前述「控制腹部圓光的方法」是局部方法，現在則進入控制全身圓光方法階段。

控制全身圓光為控制局部圓光之延伸，只要按照順序進行，即可達成目標。

■局部圓光控制法

①這是使局部圓光延伸的訓練，每個部位均可，並不特別拘泥於腹部。

例如，可以從頭、肩、胸、背、性器、腳尖等一路延伸。筆者是從眼睛延伸圓光。中國有可以將舌頭延伸，稱為劍仙的傳說人物，這就是從舌頭延伸圓光的情形。

②此處延伸的細長圓光與手指延伸的細長圓光不同，必須下意識使圓光細而長，當然，在延伸的同時，還必須不斷地強化（圖⑧）。

圖⑧

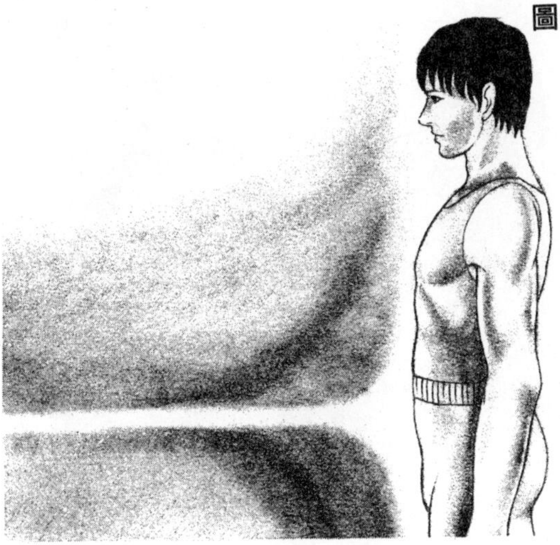

★

前面提到過，筆者可以利用此圓光觸摸不知情的對方，其實不只是人，摸任何東西均可，遠遠即可感覺到狀況，所以只要覺得不舒服，圓光觸覺便會提醒你應該事前迴避。

■全身圓光控制法

此時最好利用鏡子照映全身，才能看清楚圓光的變化情形。

①站在映出全身的鏡子前，下意識使自己全身圓光細而長。

②接著依自己意識變化圓光形狀，譬如三角形、火焰狀，或者某部位分離狀（圖⑨）。

熟練之後即可修正異常圓光，試試後述之「圓光調整法」訓練。

③能夠控制自己的全身圓光之後，接著試

圖⑨

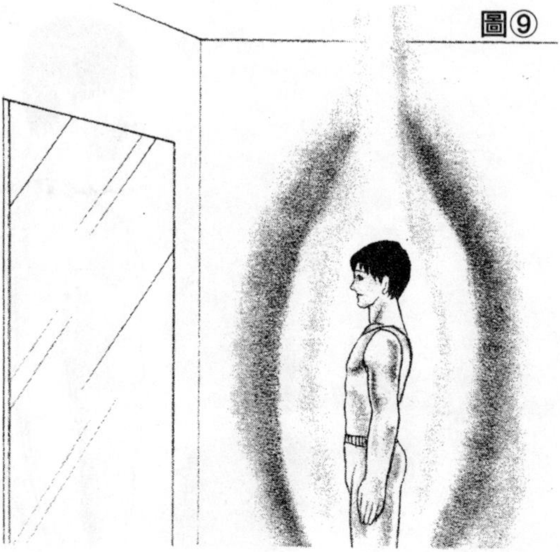

試看控制他人的圓光，只不過這有些危險（因為對方沒有進行過控制圓光訓練），如果只是形狀修正或消除圓光缺損等就沒關係，否則很可能使對方圓光發生變化，引起精神或肉體的異常，必須特別注意。

★

關於這一點，筆者有許多經驗，以下就是一例。

那是在三重縣伊勢進行圓光視訓練時的事。

也許是在森林及夜晚等良好條件下，所以全體學員均立即看到圓光，於是我請大家依序站立，讓他們看圓光的變化。

每個人輪完之後，我要每個人依自己意識變化圓光。由於大家均是長期學習仙道或氣功的人，所以這很簡單，有些人自由將圓光擴大

、縮小，有的人則調節頭頂發出的圓光至遙遠的上方。

達到此階段後，筆者教他們利用自己的手調節他人圓光的方法。

一開始，我請一位學員站在離筆者三公尺左右之處，筆者運氣使手部圓光與他身體的圓光相連接。

在調節氣的強弱之後，他全身的圓光也忽明忽暗，甚至大小、形狀也起各種變化。

最後筆者下腹使勁用力，利用手部圓光（氣）將他的圓光一分為二。

這時，他的身體圓光立刻倒下，大家均不敢相信地凝視著。

之後，他的圓光從上方拉起，圓光上升的形狀有目共睹。

筆者示範完畢後，請學員一個個練習，最後每個人都學會了。

此方法一般用手發出圓光進行，但熟練之後只憑眼睛也能辦到。

以下介紹一則實例：

有一夜晚八點左右，筆者在自宅數人面前談論有關仙道出神的情形。

筆者先解釋大綱，然後說明技巧，後來覺得光靠說明很難理解，於是利用手的圓光，使每個人的圓光脫離，讓各位掌握脫離時的感覺。

其中有幾個人特別順利，圓光背部能夠上升碰到天花板。

但結束之後，有位女性訴說感覺很奇怪，只要筆者眼睛向著她，圓光就被拉開了。

筆者不在意地將視線移開，她立刻發出悲鳴：「啊！身體分開了！」我嚇了一跳再朝著她看，「啊！又回來了！」原來她的圓光會依筆者視線移動。為了證實此事，筆者故意又試了一次，結果她的圓光真的隨著筆者視線往天花板移動。

後來筆者又試了幾次，證實只靠眼睛就可以使他人圓光移動。不過這是有條件的，非得實行者氣很強（眼力），而且對方很敏感才行。

利用想念法修正圓光形狀

能夠自由自在控制圓光之後，即可進入第一章的應用法「圓光修正法」。

進行「圓光修正法」的必備條件是超能力氣功法的各項技巧，如果還沒學會的人，最好先大致修練一下（詳情參閱前著『秘術！超級仙術入門』）。

以下就進行實際技巧說明。

■修正缺損的圓光

首先看看鏡中自己的圓光異常，異常分為顏色與形狀二種，一開始從形狀調整，因為一旦形狀異常，則再怎麼調整顏色也沒用。

圖⑩

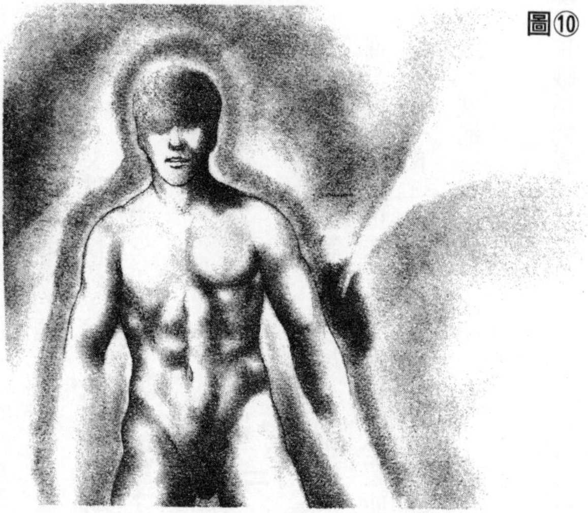

①其方法是自空中吸取「普拉那」（生命能量），塡入缺損的部分（圖⑩）。訣竅在於強烈想像「普拉那」流入體內的現象。

如果能看見實際漂浮在空中的「普拉那」氣（相當於一種感覺器官，看起來像無數細胞群）就太完美了，但初期無此必要，最重要的是使在鏡子內反映出來的身體圓光缺損消除。

②一般說來這麼做即可修補缺損（亦即用生命能量使肉體疾病痊癒），如果仍然沒辦法消除缺損，就必須從發生更強生命能量的物體上吸取。

方法有許多種，最簡單的是樹木，儘量選擇自然環境之物。

做法是站在樹木旁邊，想像樹木發出的圓光流入自己圓光缺損部分，如果能看見圓光的人，邊看邊做是最理想的狀態。

圖⑪

學過超能力氣功法的人，在看見圓光缺損的同時，會感覺到氣的異常，進行時就以這種異常感覺消除為目標，也就是不僅看見樹木發出的圓光之氣，同時也感覺出氣的存在，並且下意識吸取。

■修正圓光局部異常光芒

以上是修正圓光缺損的方法，除此之外，像圓形或不定形不活潑的光芒，注入能量反而弄巧成拙。

這時的做法是使手放出圓光，利用此掃除感覺異常部分（圖⑪）。如果一次無法清除，就多重複幾次。

氣感覺良好的人，在這時候手指會像被磁石吸住的感覺（下腹用力發出強烈的氣），藉此吸力將異常光芒消除。

★

筆者經常運用此方法為人消除肩硬塊，如果看見肩膀附近出現異常光芒，只要用手掌在肩部動幾次，異常光芒就會煙消雲散，同時肩部僵硬的現象也好了，當事人都會露出愉快的笑容。

圓光部分異常調整法至此結束，以下說明圓光全體異常的調整法，技巧與局部差不多。

■修正全身圓光異常

做法很簡單，請站在鏡前想像現在看見的是正常雞蛋形圓光，或者在心中描繪其痊癒的樣子，如此在鏡中反映出的圓光形狀就會繼續朝正常形狀修正。如果怎麼也做不好，則和部分缺損場合一樣，利用空中「普拉那」或吸取樹木圓光方法。

圓光顏色的修正與色彩法

即使圓光形狀沒有異常，或者形狀修補完全，顏色仍然異常時，就必須進行顏色修正。

■藉著想像力修正顏色

這個方法只需要藉著強烈的想像力，使自己本來的原光顏色更明亮即可。

或者利用之前敍述過的色彩法，選擇具有治療效果的顏色應用在自己的障礙上。

訣竅是不斷想像體內特定部分出現這種顏色的光芒，接著將濁色不斷往外排出，想像全身光芒不斷擴張，最後全身充滿此色圓光。

如果只靠靠想像力還不夠時，就可以一併使用下列之色彩法。

■色彩法與顏色造成的心理效果

色彩法是利用顏色對身心的影響力，調整圓光的方法。因此你必須先了解什麼顏色具有什麼效果，請你牢記後再進行實際練習。

◉紅色：使肉體機能亢進，如果全身圓光表現衰弱，可以利用紅色調整，非常具有效果，但精神呈不安定狀態的人最好不要用。

◉橘色：對於神經異常的人有整理作用，尤其對思考、用腦過度的人特別有效。

◉黃色：鮮黃色對於肉體機能低下、精神疲勞等具有效果，淡黃色及黃綠色均對疲勞過度及憂鬱病有效。

◉綠色：對任何疾病均有效，常生病的人最好先使用綠色，而且具有使精神安定的作用。

◉藍色：藍色可使精神亢奮、不安定的人平靜，但如果是意識消沈的人應避免使用深藍色。此外對於肉體疾患，只對亢奮有效。

藍色的特徵是平靜、平安，所以中度藍色對精神放鬆非常有效。

◉白色、黑色：這是顏色的極端，一般均不使用。靈性修行者可在指導者的指導下使用，除靈的場合可利用瞬間鮮明的白色或金色光。

除此之外的顏色可以自己確定有效後使用。

以上各種顏色只是依色彩心理學資料提出的效果，為一般性，因人而異或許有不同效果，這時則不必拘泥於本書所言，以實際效果為準，否則心中有所疑惑時，反而得不到效果。

以下為技巧說明，有色光法與色紙法。

■色光法修正圓光

①準備燈泡檯燈、耐熱透明紙（備齊各種顏色）、一×二公尺白圖畫紙或布（如果房間牆壁是白色，則不需要此物品）。

②將透明紙貼在燈罩上，形成有色光構造，白紙貼在牆壁上，檯燈置於當自己站在牆壁前時，自己影子不會映在牆上的角度之斜後方（圖⑫）。

也就是檯燈照向面朝牆壁的自己之斜後方，在光照射自己的同時，也映在牆上。

③配置妥當後，眺望映在牆上的光色，時間因色彩明亮度而異，大約十五分鐘以上，如

圖⑫

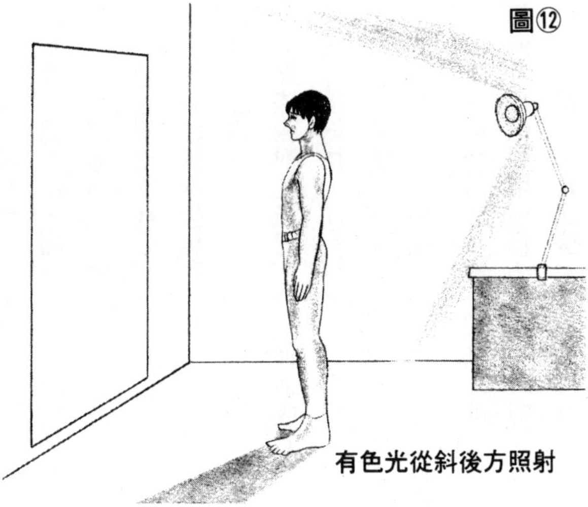

有色光從斜後方照射

果以瞑想的感覺眺望效果更佳。

■色紙法修正圓光

①儘量準備各種有色圖畫紙或布，愈大愈好。

②將紙或布貼在牆上，和前述一樣眺望，由於要看清楚顏色，所以房間必須明亮，但如此顏色就比使用燈泡弱，所以眺望時間應長一些，至少二十分鐘，可能的話持續三十分鐘以上更好。

肉體疾病症狀感覺明顯的人，不論何種方法均可減輕症狀。

★

色彩法為筆者配合圓光調節法而命名，並非本來就有的方法，而且並非有一套體系存在，但卻相當具有效果，許多實行者甚至連圓光是什麼都不知道。

此技巧導自色彩心理學及色彩生理學，以數十年前美國色彩專家菲伯•比廉提倡的方法為基礎。他表示，顏色對於人的生理、心理具有效果，也是修正精神、肉體異常的好方法。

而且據他稱，人類最初使用顏色並不是為了美，而是當做逃離死亡恐怖的手段。

他也舉出古代中國人將紅色用在擊退傳染病或魔鬼方面的事例。其實古代人不限於中國人，均依經驗掌握色彩力量，很多民族的咒文或護身符，便是以紅色為基本，表示出依靠紅色神秘之力。

比廉還對色光對人類生理造成的影響進行詳細研究，例如，紅色會使血壓上升、脈搏加速、呼吸增快，而藍色光正好相反。

他的方法受到許多人贊同，並被不少治療機關採用治療疾病。

但此法並非他首創，古代各國、各民族早就依自己經驗利用色彩了。

像比廉所說的中國，很久以前就使感染傳染病的人進入塗上紅色顏料的房間治療，這些都稱得上是利用色彩法治療疾病的前輩。

這當然不是迷信，均有其科學依據。比廉研究證明紅色能使交感神經極度興奮、增加生體活動力。

英國工業都市曼徹斯特也一樣，某家工廠在廠房塗上白色油漆後，工人受傷情形陸續出現，探究原因竟然是牆壁顏色輕薄，由於白色令員工不沈著，所以容易受傷，當改成深藍色後，員工傷害率大大降低。

中國氣學（正確應稱為遁甲）也認為，宇宙空間漂浮的各種顏色，不僅與人類的色光有關，還會影響人的健康、心理狀態，甚至決定命運。當然，人的色光指的就是圓光。

氣學最重要的是，宇宙與人類發出的光當中，同色光重疊（稱為暗劍殺）或光呈亂反射狀態（稱為五黃殺）時，就會出現各種異常。

台灣成功大學丁振武博士（物理學）就實際利用光學器材做實驗，得知在七赤（氣學色的分類之一）暗劍殺時，會從背後接受到可視光線多少波長至多少波長的狀態，或者四綠時又是什麼領域——等詳細結果。限於篇幅，在此省略，只是想告訴各位，光（色）會對人的圓光產生各種影響。

第四章

利用超幻像進行超能力開發的基本技巧

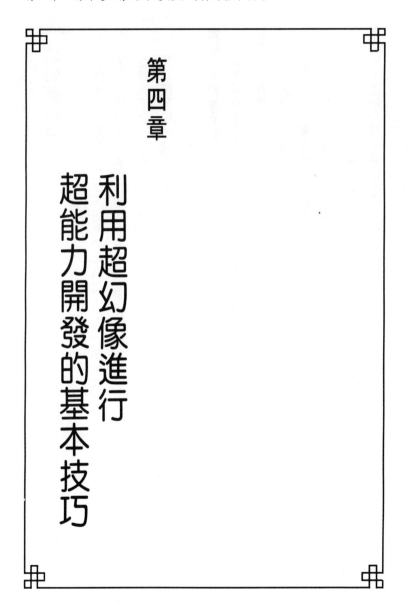

超幻像透視法

如前所述，超幻像的應用範圍非常廣泛，最令人印象深刻的，大概要算是中國符咒及西洋魔法了，他們能在衆人面前無中生有，使人甚至感覺妖怪出現。

這當然不是一蹴可幾的階段，必須從最簡單的應用一步步深入。

超幻像應用法當中，最容易的是透視法及併用法（同時利用閉眼法及開眼法）。

■以內部幻像看對方意識

雖然稱為透視法，但和ＥＳＰ的透視稍有不同，因為超幻像透視非得看見光不可，光是這點就明顯與ＥＳＰ透視不同。

但超幻像透視法並不需要特別才能，只要看得見超幻像就能夠做到，以下進入訓練。

①先找一位訓練伙伴，普通人即可。

二人對坐在微暗房間，距離一～一•五公尺。

②實行者（你）閉上眼睛，試著掌握對方身體放出的生體能量。如果除了啪—的放射感覺之外，還包含其他感情感覺（例如覺得高興、憂鬱等），那你就可以只靠意識解讀，眼內

會浮現光幻像。

③如果對方放射的光稍縱即逝，則繼續看十～十五分鐘，即會漸漸成形，瞬間形成具體形狀。這時候，你將此形狀告訴對方，確定有沒有猜中。

利用此方法占卜對方內心多半是看見光幻影，例如工作、興趣、愛情、煩惱的事，以及與此相關的事物等等，都以光形顯現。

④也許利用幻像並沒說中對方的內心，這時你可能看見對方潛在意識光幻像，因此，不管你描述得如何詳細，對方都不知道。別灰心，如果看過幾次都是相同幻像，那一定是對方的潛在意識幻像。

▲注意：當你運用此技巧時，會同時看見對方意識與自己意識的光幻像，因此你必須區別哪一個幻像是哪一個人的。

這時在看幻像的同時，最好在自己意識中逐一詢問這是自己的還是別人的，這麼做會使你感覺意識在回答你。

⑤這麼做不順利的話，可以換個方法。將手掌前後擺動，試著將對方的氣（生體能量）拉過來（圖①），閉上眼睛重複幾次，你就能感覺吸引過來的氣當中有某種感情在搖動，不久，眼皮內部就會出現幻像。

此項技巧與『秘法！超級仙術入門』中所載「吸引對方氣的方法」一樣，讀者請自行參

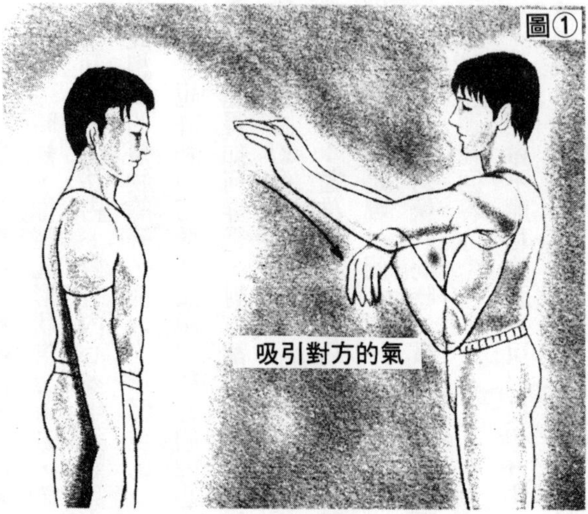

考。另外，使用此方法可能會將對方不好的能量（疾病、精神不順等）一併吸引過來，避免方法也刊載於同書，請一併參照。

■以外部幻像看對方意識

現在是睜開眼睛看對方意識。

方法與閉眼法一樣，只不過睜眼需要更大集中力，所以一開始最好和閉眼法合用，習慣了之後再單獨使用開眼法。

開眼法一定得在幻像忽明忽暗上注入相當意識力，幻像忽明忽暗代表光幻像自由出入（亦即時而看見對方光幻像、時而不見），不這樣就無法看見各種幻像，象徵精神異常。

練習時也請特別注意這一點。

①首先利用閉眼法看對方意識幻像，持續十五～二十分鐘（熟練之後短一點也可以），

光幻像清楚呈現後睜開眼睛，眺望對方肩部至頭部空間。

②雖然並非人人相同，但這部位通常呈現銀色微光。如果因為光線太亮看不清楚，就請和圓光視場合一樣，調整室內光線至微暗。

③開眼看見超幻像後，接著練習使超幻像消除。最簡單的方法是吐氣放鬆、想想別的事，或和對方聊天，亦即改變氣氛。

也可以在心中描述所看見的幻像從眼前消失，反覆幾次即可消除幻像。

★

筆者利用此法看過不少人的意識光幻像。不知是否因職業關係與稿紙、筆記道具有緣，經常看見此類超幻像光影。

最初看見是在剛學會超幻像能力時，有一天和大陸書局某位編輯會面，結果清楚看見此人肩部出現淡銀色光芒的稿紙及原子筆。

從此以後，每當和人見面，只要稍微注意就能看見周圍的光幻像。

例如，喜歡喝酒的人背後出現酒瓶光幻像、喜歡花的人背後浮現像花園的空間，這些都呈現淡銀色光芒，相當漂亮。

當然也常常看見感覺不舒服的幻像，例如，這個人生病的原因、憎恨的對象、附身的靈類等等，老實說那種形狀令人不悅。

異常圓光更是經常看見，不過筆者自覺還是不要看這些東西比較好，於是不斷練習消除訓練，現在則可運用自如了。

那些不能自由運用超幻像消除法的人，或看他人超幻像造成自己精神不良結果的人，請牢記此重點進行透視法（併用法）訓練。

利用超幻像進行觸物占卜

能夠自由透視人心光幻像後，接下來向觸物占卜法挑戰。

所謂觸物占卜法，就是以超自然技術解讀物體各項記憶資料的方法。

筆者在練習此道時，還沒學會看圓光。

當時只藉著仙道之氣進行，由於還看不見幻像，所以一切均以感覺為準，以氣感覺超自然體以及人的性格，均相當準確。

後來看得見超幻像後，便利用光幻像觀其形，這時才知道自己所做的就是超幻像所謂的觸物占卜。

以下介紹筆者親身體驗的觸物占卜技巧，其骨架與先前介紹的透視幾乎一致，所以請各位參照前述訓練法練習。

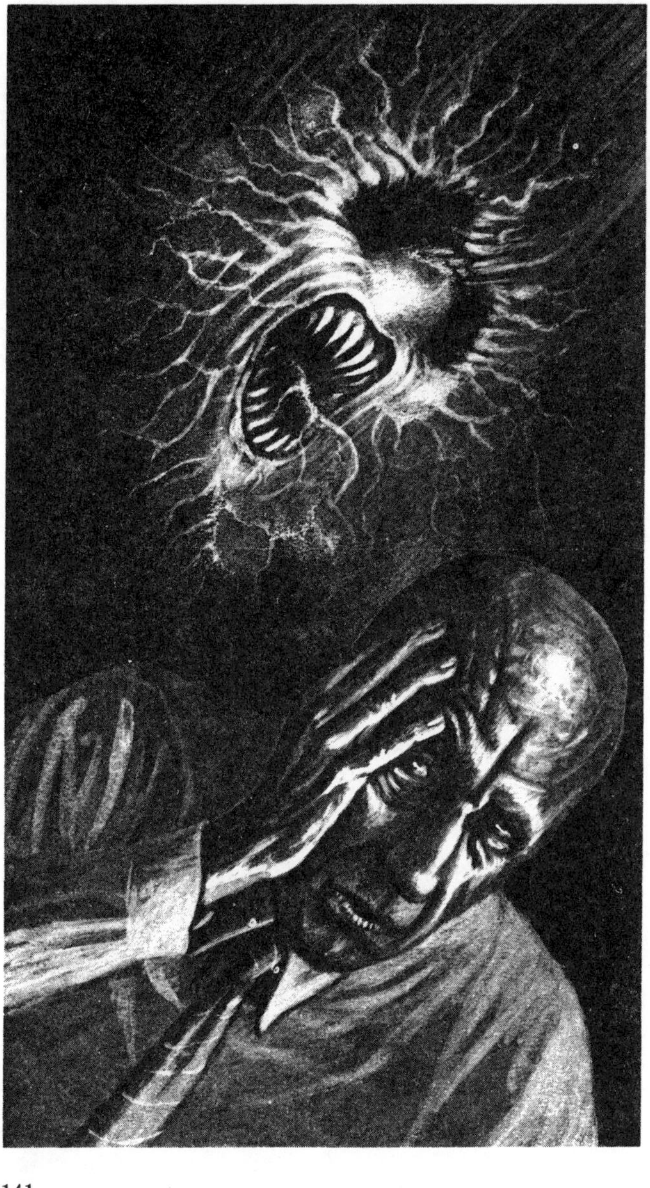

圖②

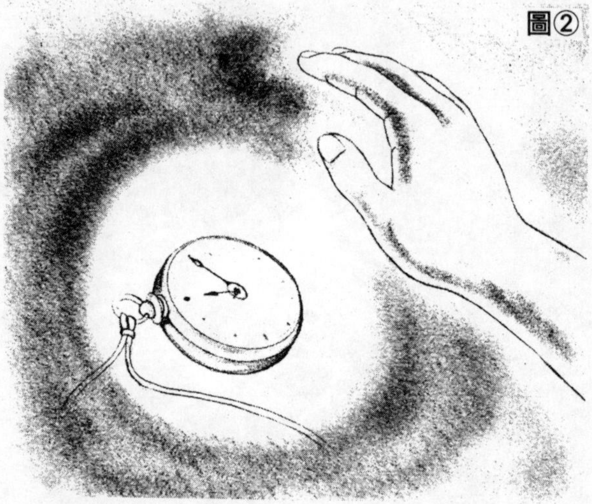

■觸物占卜的技巧

①向他人借使用過的物品，手錶、時鐘、手帕、洋娃娃、寶石等等均可，看過之後再請使用過物品的人來，否則先看見使用者容易依使用者的意識幻像解讀，無法學習觸物占卜。

②將物品（或自家不知來歷的物品）放在桌子上，先使用閉眼法感覺物品發出氣的光幻像。

如果感覺不出來時，就用手掌吸引其氣靠近自己的眼睛（圖②）。技巧與前述透視法相同。

③這時會看見混沌之光，有時會出現清晰形狀，請加以描述記錄。

④十五～二十分鐘後，向物品主人求證，看看光幻像是否猜中。

這樣就能確定物品周圍各種資訊一致程度

多深，有時甚至連物品主人已經忘了的事都解讀出來。

▲**注意**：此訓練與氣功場合一樣，一定得注意物體放出的氣，如果感覺不舒服，最好不要勉強自己看，以免自己背負惡因緣。

⑤閉眼法能夠進行觸物占卜之後，接下來試試開眼法，注意房間一定要微暗。

★

筆者曾受東京新宿月桂寺住持飯塚師父之請，為他看一塊玉。

「從這塊玉你可以看出些什麽？」

筆者不喜歡被人家測試，所以一開始靜默不語，但什麽都不講也實在有些說不過去，於是我試著感覺玉的氣，這時手掌有一種獨特的感覺，而且相當強烈，或許能看見什麽吧！於是我用手掌將玉的氣吸引過來。

沒想到一睜開眼睛，光影就出現在眼前，即使正是大白天，依然清晰看見一位端正的中年女尼光影。

於是我將所見一一奉告。

「的確如此，事實上，這位女尼數百年前就住在如今我所在的庵，這塊玉就是她的。」

住持回答。

這個結果不但令自己有點訝異，同時也加深自己對觸物占卜的信心。

利用超幻像的ESP通信

超幻像應用當中，最簡單的就是ESP通信，因為記載在ESP卡上的記號以光影出現讓對方看，對超幻像而言是毫不造作的事。而且即使不施予特別訓練，也能做到此階段。

和透視法一樣，也分為閉眼法及開眼法訓練，以下逐一說明。

另外，在超幻像場合使用ESP卡的應用法，與超能力氣功法有關，此處只敍述運用技巧，至於氣的使用技巧，請參照前著『秘法！超級仙術入門』。

■閉眼法掌握ESP卡記號的技巧

①首先你當然需要一位施行伙伴，條件必須是會超幻像或有ESP能力的人。

準備桌子、中間豎立一片隔板，二人各坐於兩側，面前擺相同的ESP卡，決定送信者、受信者（圖③）。

這與一般ESP實驗完全一樣。

②接著請受信人閉眼放鬆，眺望眼皮內（或好像看著頭部中心的感覺）。

送信人仔細看要送信的記號卡，然後閉眼描出記號光影。

圖③

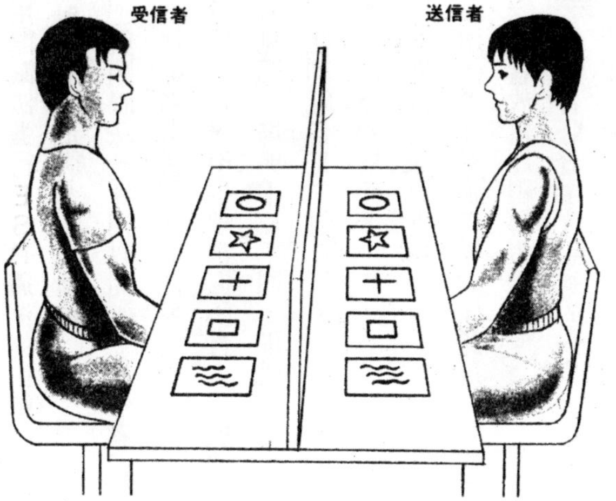

如果描不出來，就繼續盯著ＥＳＰ卡看，使殘像在眼皮內出現。或是反覆看記號→閉眼產生幻像→再開眼看記號→閉眼產生幻像的方法。

③眼皮內描繪出ＥＳＰ記號的光幻像後，便傳向對方，訣竅是將自己的意識放在對方的頭或眼皮部分（與記號幻像化並行），使其部分出現此記號光影。

④受信者也不是呆呆坐在那裡就好，必須積極努力感覺對方發射的氣（此點與一般ＥＳＰ實驗不同）。其要領與前面的透視法一樣，從對方放射出來之氣的感覺去解讀光幻像。

⑤當以上通信準確率相當高了之後（五次中三、四次），接下來移到另一個場所，例如隔著牆壁的另一個房間，或是各自家中，然後以電話聯絡結果。

完成之後進入開眼法訓練。

■利用開眼法進行ESP通信的訓練

◉利用圓光猜卡片的訓練

①與閉眼法一樣相對而坐，送信者與受信者均睜開眼睛。

②送信者與受信者均注視所有卡片，然後送信者挑選其中一張形成超幻像送向對方。

③受信者先用手掌掌握所有卡片放出的氣，然後看著對方發出的圓光，如果氣的感覺與眼睛所見圓光均與卡片不同，則就不是卡片上的記號，必須再一次向對方確認是否有誤。

④此訓練也是先對立而坐，習慣之後再漸漸增加彼此距離。

◉猜色像的技巧

現在進行猜顏色實驗。

①送信者從五張卡片中任意選一張告訴對方，一開始挑選由線條組成者而不要選圓形。受信者放鬆注視那張卡片。

②送信者盯著卡片記號的內側，並發出色像送往對方，猜中一張後再換下一張。

③習慣之後再增長距離。另外也有稱為PC卡的專用卡可以使用。

◉超越ESP卡的ESP通信應用技巧

圖④

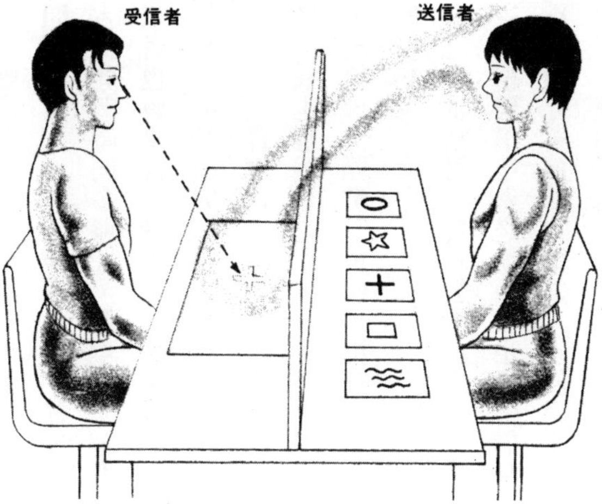

①準備白色圖畫紙放在受信者面前，然後送信者決定送信卡片，將記號光影幻像化，傳向圖畫紙上。

②受信者看圖畫紙而不看卡，從出現的光影猜形狀（圖④）。

③習慣之後受信者移至另一房間，從面前的圖畫紙解讀送信記號。最後則在空間解讀幻像。

達成之後，此訓練即成為超幻像的技巧，就不需要ＥＳＰ卡了。

製造出光分身的超幻像奧秘

中國仙道中有一項出神術，這是一種製造陽神之分身，並使意識脫離體外的技巧。這是相當費時而且麻煩的技巧。

筆者也曾熱衷於一時，但陽神還沒製造成就往生了，因為傳說仙道方法必須經過小周天、大周天階段，再進行煉丹（大藥、小藥）後，以此為基礎製造陽神，這時聚集的能量與瞑想時間相當驚人，一天坐八小時，需要花上幾年時間（這還算快）。

古代閒暇時間多還好，像現代人這麼繁忙，大概沒有人有這麼多時間。

筆者也曾修行一段時日，最後放棄了，原因還是時間問題。

於是我開始研究有沒有節省時間的方法。從傳說仙道古書或口傳書分析其實態，並參考與此類似的西洋魔法（星氣體投射）、密宗等書，摸索新的方法。當然，為了加深自己的了解程度，我也翻閱了心理學、生理學、物理學等科學方面的書籍。

由於精神世界漸受重視，相關文獻陸續出現，使筆者研究速度急劇增進，達到探索複數效率的技巧。

自己嘗試結果，真的製造出分身，並且自由出入身體，有同好者（多半是學會一般幽體脫離）陸續聚集筆者之處，我也從他們身上更了解實態。

長期探究與實踐的結果，終於完全了解此行本質，甚至能夠同時製造出複數分身，就像『西遊記』裡的孫悟空一樣。

以下介紹其中一法，這是集符咒圓光法、仙道外部集中法（集中意識將對象置於體外的方法）、密教分身製成法大成而開發的訓練法，也是最簡單又有效的製造陽神（光的分身）

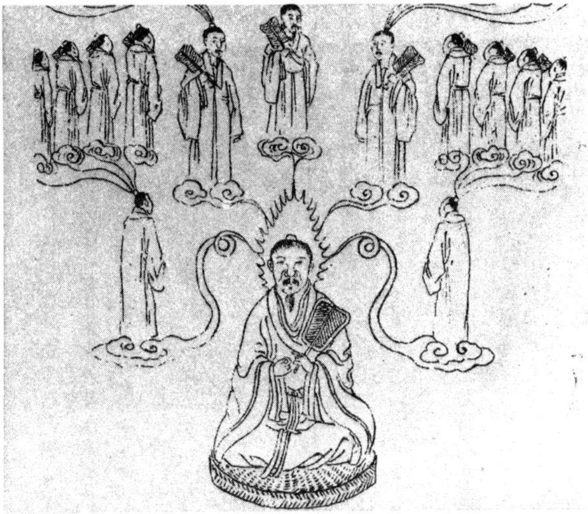

描寫仙道「出神術」的書中，分身可以衍生無數分身。只要技巧純熟即可能做到。

法。

從簡入繁，最後向多數分身挑戰。

■利用超幻像製造光的分身技巧

①以閉眼法或開眼法均可進行，依個人喜好而定。決定方法後，離空牆數公尺而坐。閉眼法比較無所謂，開眼法則必須注意房間是否雜亂，如果太亂就像圓光視時在牆上貼一張白紙或布。

②閉眼法在眼皮內、開眼法在牆壁上使光芒出現，沒有特定形狀限制。

③最初光芒薄而模糊，集中意識後漸漸增亮。

閉眼法的訣竅在於將自己生體能量集中在丹田（下腹部），或盤坐的兩腳間（圖⑤）。

開眼法的訣竅在於使自己的身體呈繩狀或

圖⑤

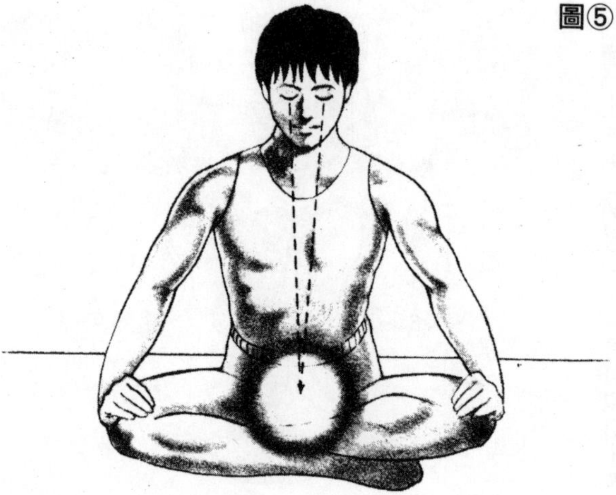

棒狀延伸，將自己的生體能量注入牆上的光芒中，或者使周圍的自然界能量注入此光中。

④每日持續至光芒強而安定（一小時以上不會消失）後，利用意識使此光芒細長、形成頭與胴體，接著伸出手、腳。

▲**注意：**此分身的基本形，亦即頭、胴體、手、腳製成後，不要立即進入下一階段，繼續集中意識至完全安定，所謂完全安定的狀態就是，不論你何時進行何種訓練，此形能夠立刻出現。

⑤達到此地步後，接著確定分身的性別（男、女）、年齡，並以意識完成臉、手、腳等細部。

如果想製造和自己一模一樣的分身（仙道的陽神及魔法的星氣投射體即此型），只要想像和自己完全一樣的形狀即可。

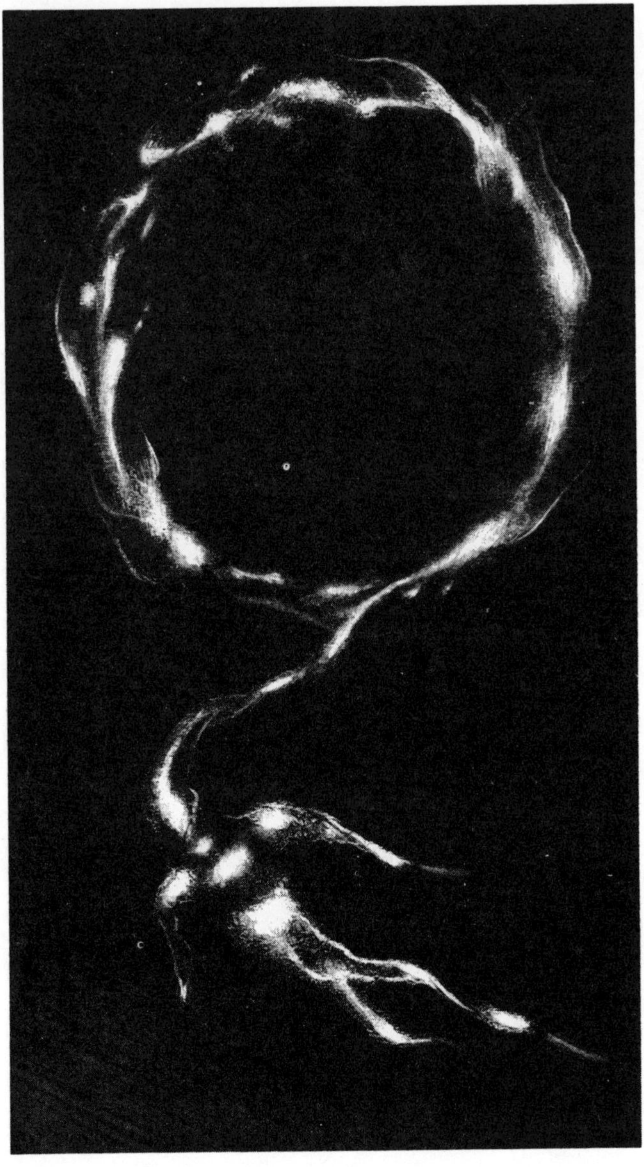

⑥完成之後一定要使其充分安定，然後以意識使其動作，例如站、坐、行等控制。不過每次訓練務必使此光的分身明滅（出現與消滅）才行，否則他人看見會赫一跳，或者如果分身任意亂動，將一發不可收拾，所以一定得確實掌控。

★

關於此有個著名的例子。

『吐魯蕃的神秘與魔法』一書中提到，一位女性利用與此類似的方法製造出一位男性分身，但這分身完成後不但任意行動，而且亂搗蛋。

不久他也在別人面前出現，直到有人問她：「他是你帶來的嗎？」她才決心消滅此分身，但分身不願意，激烈抵抗了半年。

從此例可知，如果不能控制超幻像出現與消滅，將給自己帶來相當大的困擾，最根本做法是能自由使超幻像出現、消失。

⑦最後，你可以使此分身是不壞之身，它可以替你至遠處搜集資料或為你傳送信息。

它如果是你的複製品，則你加入自己的意識後，它就是另外一個你，它不僅在現實空間出現，還能自由出入人類未知的領域。

此訓練與夢術（夢的控制法）有密切關係，西方併用可以獨自完成夢境物質化，有與趣的人可以閱讀筆者另一著作『改變你的夢術入門』。

★以下是筆者難忘的光分身經驗。

有一次到大陸書房編輯高澤先生的辦公室，像平常一樣漫無限際地閒聊著，最後從超能力話題接到超幻像之種種。

那時正是傍晚，天際灰暗，光是用嘴巴講很難懂，於是我實際示範。

首先我請他面向辦公室北側牆壁，筆者運氣後在黑暗牆上使鮮明的圓光出現，他訝異叫道：「這是什麽!?」瞪大眼睛望著圓光。

圓光出現後，筆者以意識之變形，先變成沒有手腳的人形，接著再伸出手腳，最後讓它動了起來。

很可惜由於能量不足，人形不一會兒就在黑暗中消失了。

後來筆者也在自家示範給學習漢文的木村先生看，時間是夜晚八點多。

筆者先熄燈，然後請他離筆者數公尺而坐。集中意識後經過了十分鐘，分身自身體脫離。

瞬間，木村先生「啊——」地叫了一聲。

原來鮮明的光塊從筆者身體分離後，朝他的方向移動，他看不見圓光，本來也應該看不見此狀況，但他卻實際看見光塊移動。

此後也在多人面前示範分身，會圓光視的人能夠看見人形，不會圓光視的人也能目擊到鮮明光塊或線條狀東西。

前面已經提過，到達此階段有其必要修行，訓練不是最難的，掌控才是最重要的，這也是筆者對各位最深切的忠告。

第五章

產生超常現象的超幻像應用技巧

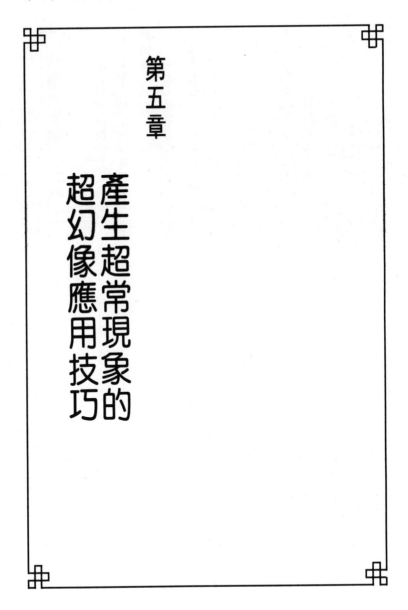

利用圓光開發念動力

本來計畫在超能力氣功法中介紹此項，但由於篇幅有限而作罷。

但筆者現在倒認為這樣反而好，因為利用氣產生念動力，已經超越氣功範圍，進入超幻像領域。

例如，從氣功者發出氣使某物移動，這種氣在會看圓光的人看來，就是圓光延伸至遠處。筆者實驗也證明，氣與圓光其實是不分彼此的，根本無法區別是氣作用或是圓光作用。

無論如何，這些與超幻像技術有密切關係，能使樹木、石像等巨大物移動。

關於此，筆者有豐富的經驗，在此就從「圓光念動開發實驗」介紹起。

這是一九八七年一月二十五日在東京茶之水所做的實驗，包括筆者在內共十人參加。雖然大家都學過超能力氣功法，但除了筆者外，大家都是第一次參加念動實驗。

使用器具有圓光計量器、ESP卡、擺垂、轉盤、合成樹脂台（五十×三十公分左右）、錫箔紙、硬紙箱（裝得下合成樹脂台大小、厚約一公厘）等等，除了錫箔紙外，其餘器具均由以超能力開發器具聞名的波拉克斯海侖公司提供。

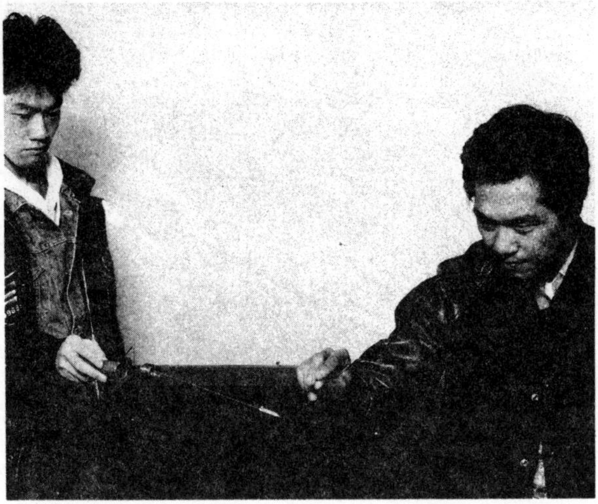

朝圓光計量器的前端發氣(照片右側者)。此時最重要的是意識集中及手指形狀。

■從遠距離使圓光計量器反應的技巧

筆者之所以會利用圓光計量器進行念動開發實驗，是因為以前在超能力氣功法實驗會上，發現此計量器對強化氣的反應敏感，所以這次加以利用。

首先請各位利用意識與呼吸法從手掌發出非常強的氣，然後慢慢靠近圓光計量器。

當筆者看見強烈圓光時，計量器開始異常擺動，由於以前進行過此實驗，所以，並不特別感覺興奮，每人進行過後即開始進入真正實驗。

真正實驗是請發射氣的人遠離，以手發出的氣使圓光計量器振動。

首先選出一人，請他在距離五十公分處向圓光計量器發氣，結果計量器立即振動；接著距離一公尺同樣發氣，計量器也立即振動。

圖①

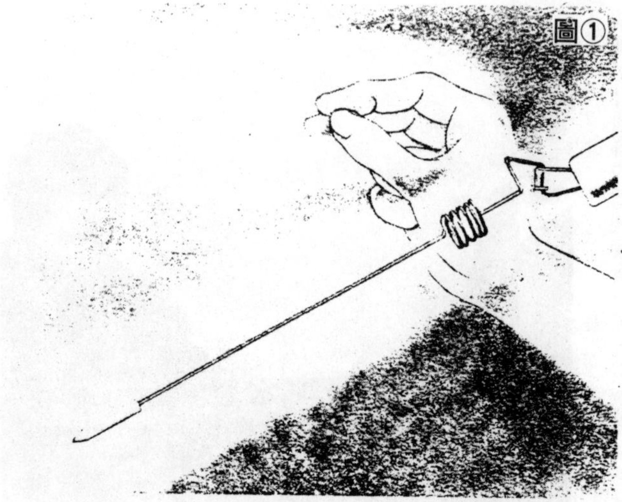

再試試二公尺，計量器一動也不動，即使他下腹使力強烈發氣，圓光計量器還是不動。

筆者感覺奇怪，注視從他身上發出的圓光前端，發現前端與圓光計量器有些差距，於是我告訴他：「確定目標再發射氣。」他搖動手探尋方向後，好像位置一致了，圓光計量器大幅振動。

最遠達二・五公尺距離實驗，圓光計量器的振動一點也沒差別。

接下來實驗的人均使圓光計量器振動，尤其以學校教師池淵先生成績最好，使圓光計量器像上了發條一樣快速運動。另外有一位實驗者在距離二・五公尺處運氣時，竟然使計量棒向後運動。

★

進行此項實驗訣竅如下：

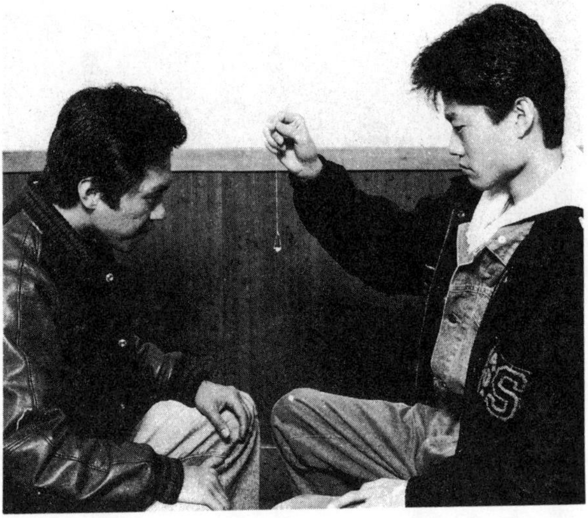

從眼睛放出的圓光（氣）使擺垂振動的實驗。左側人對擺垂發出強烈意識。

①手指（二、三指重疊）發氣比手掌好，如此氣比較容易集中達到遠處（圖①）。

②下腹用力使氣強化後傳送到手部。

③對準圓光計量器棒的尖端送氣。

■利用圓光使擺垂振動的技巧

這與傳統使用法完全不同，先請一個人拿住擺垂繩子頭部，另外一個人則利用手發出的氣使擺垂振動，以下是現場實況。

一個人手持擺垂繩頭，請另一個人在距離三十公分處運氣。

但與期待相反，擺垂一動也不動。仔細思考原因，應該就是這樣沒錯啊！擺垂與圓光計量器不同，本來就該由某人拿住。

於是將人分為幾組，有些人拿、有些人運氣使它動，結果擺垂仍然動也不動，這時有一位小林先生表示，說明書寫著請利用意識或眼睛圓光。

筆者聞言請他拿穩擺垂繩頭，試著用眼睛運氣及強烈意識使擺垂振動，沒想到自己身體隨著氣前後擺動，擺垂也像配合身體節奏似的前後搖動，甚至描出一個近二十公分的巨大圓弧形。

當然，筆者手及身體都沒碰到擺垂，距離將近一公尺。

★

筆者從實驗得到以下結論：

①眼睛發氣比手容易，瞪著目標物看。

②意識力想像必須強烈，好像自己就是那個擺垂在搖動一樣，加入感情作用效果更好。

■運氣使圓盤轉動的技巧

這裡稱的圓盤是在一個杯狀物上加個轉盤的器具，轉盤上有一根針，上面插著一片輕如羽毛的轉翼，利用念力使之回轉。

筆者首先依說明書，請每個人一一將手向轉盤運氣，但無論怎麼使力，轉盤都只輕輕動一下而已，並沒有出現像說明書所說的高速旋轉。

這時池淵先生提到，這構造與靜電機關一樣，也許直接向杯身運氣就可以讓轉盤旋轉，

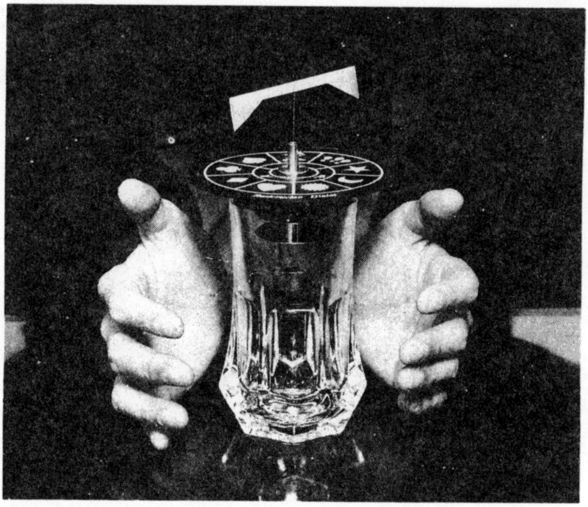

如圖所示用雙手手掌做圍住杯身狀，就比較容易使轉盤轉動。

因為他看過靜電實驗場合有相同裝置。

於是每個人輪流嘗試，但依然無結果。

後來大家對其他實驗有興趣，於是遠離此器具，只留下二、三位在旁邊。突然，聽見佐佐木先生大喊一聲：「轉動了！」筆者回頭一看，杯上轉盤的確以非常快的速度旋轉。

大家隨著他的喊叫聲移轉視線，但轉盤卻停止了，佐佐木先生滿臉疑惑表示奇怪。

然而，當大家確定轉盤沒動而將視線移開時，轉盤又旋轉了，而且比上次轉得更快。

就這樣重複著大家看→轉盤停止→移開視線→轉盤又旋轉。

筆者立刻了解其中原因，由於大家從眼睛發射的強烈圓光（因好奇心使然）從四面八方注入，阻止了轉盤的旋轉，而留在那裡的二、三個人，不論誰對杯身運氣，轉盤都會高速旋

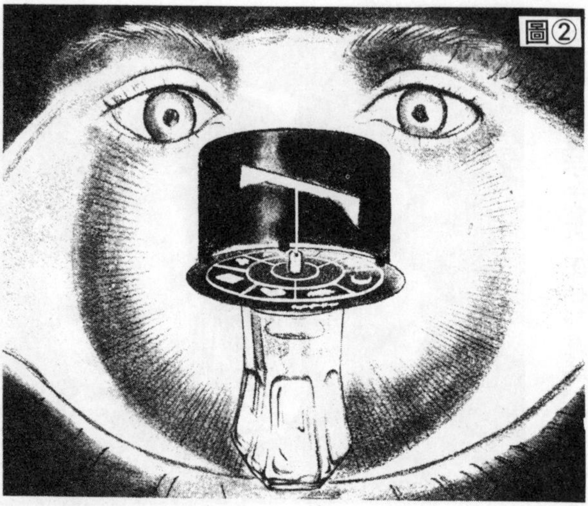

轉。

★

從此項實驗得到的要領如下：

①旁觀者少、視線均向同一方向。

②向杯身運氣，或者雙手像圍住杯身般運氣。

③意識向自己想使轉盤移動的方向發出想像，或者利用眼睛圓光（氣）進行。但如果做不到就停止。

■穿過障礙物使錫箔紙運動的技巧

最後進行的實驗是，利用氣使放在合成樹脂檯面上的物體運動。

首先將錫箔紙製成各種大小的圓筒狀，依序放在檯面上讓每個人發射氣，但即使每個人用盡力氣，圓筒還是只移動一點點。

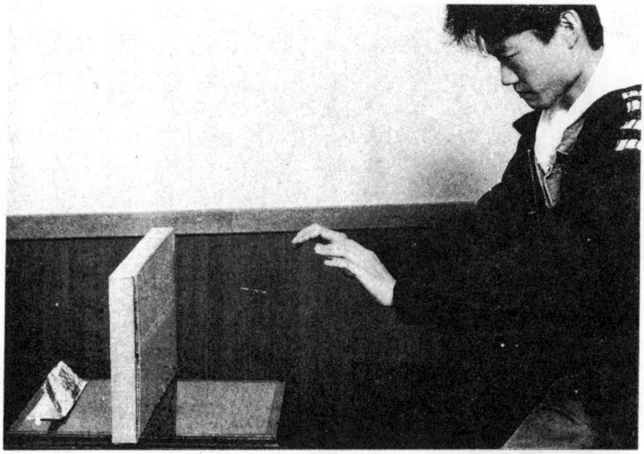

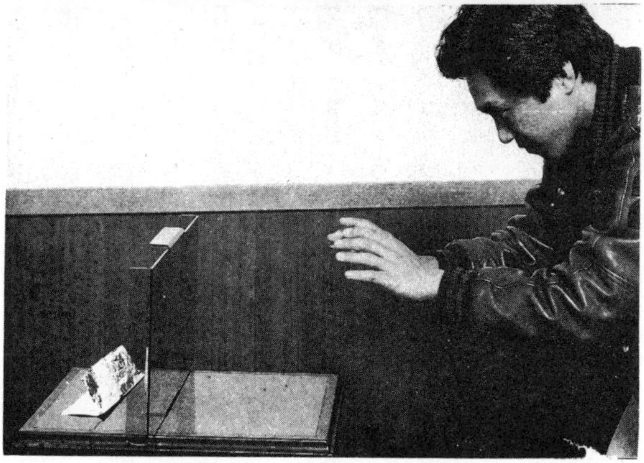

↑手發出圓光使對折的錫箔紙動作的實驗。

上圖為實驗者與錫箔紙之間隔著硬紙箱，如此即可排除風的影響，但錫箔紙仍然配合手的動作前後移動。

下圖為透過合成樹脂檯，看著錫箔紙進行。看著對象物發出意識，則移動更明顯。

一定是哪裡出了差錯，最後知道錫箔紙並非正確筒狀，因為每個人運氣的效果形成了刹車作用，使它變形了。

但即使不滾動，也該有些動作啊！於是我們改變道具。

首先將錫箔紙剪成十四公分左右後對折，置於檯面上。

在距離一公尺處運氣，結果錫箔紙依發氣比例而動，當運氣的手前後成波狀移動時，錫箔紙也配合呈現一致動作。

即使距離二、三公尺，結果仍然不變。但為了確認錫箔紙不是被風吹動，於是在錫箔紙與實驗者之間放障礙物。

一開始以硬紙箱為障礙物，但錫箔紙一點也不受影響地隨著運氣者的動作前後移動。接著各人將外套當障礙物，結果仍然一樣。

但因人而異，有些人看不見目標物而無法出現顯著結果，於是，這次以透明物體當障礙物。

筆者認為看見目標物比較容易發出意識，錫箔紙應該會動得更激烈，結果每個人都使錫箔紙明顯振動，小林先生甚至使錫箔紙的振幅達一、二公分，而且律動速度非常快。

★從此項實驗得知以下要領：

①向目標物運氣，讓自己的手與目標物有種微妙的連繫感。
②接著手有節奏地前後移動，看看錫箔紙是不是能一致動作。
③沒有隔障礙物時，手的擺動會引起風，請特別注意再實驗，也該留意是否有其他風吹過來。

使石像、樹木移動的超幻像

以下要介紹的不是使念動開發器具，而是使樹木、石像等真正物品移動的超幻像技巧。真正會超幻像的人只要想做就做得到。

■使彫刻神像動的經驗

筆者第一次遇到此現象是在造訪台灣進行氣功調查時，以下就是當時情形。

一九八一年，筆者造訪在台北開設空手道場的川島先生，當時他介紹他的弟子時田先生讓我認識，時田先生是受雇於歐洲某企業，長駐台灣之人，妻子是法國人。

為什麼川島先生介紹他與我相識呢?因為他是超能力者，妻子也有體外脫離的體驗，例如，步行或練習空手道時，脫離身體從上方看自己。

時田先生家經常出現怪現象，譬如夜晚坐在客廳，會聽到無人的房間有開燈聲，而且經常看見白色影子四處活動。

由於筆者對這方面有興趣，所以他們夫婦邀請筆者務必到他家走一趟。

他家有五個房間，算是相當豪華的住宅，但雖然豪華，都覺得充滿陰氣，有種很多人住的感覺。

川島先生領我至各個房間繞一趟，但並沒有出現什麼怪東西，好像怕我們似的全避開了。當我們進入最後一個房間時，突然出現奇妙現象。

那裡擺著數尊高三十～四十公分左右的神像，個個精巧有神，感覺不像石頭而像活生生的人。

筆者因興趣使然，於是一直盯著石像看，竟發覺石像不僅身體動，連手腳都動了起來，本來以為是錯覺，但川島先生也表示看見了。

我問時田先生這是怎麼一回事？他表示這大概是沒經過除神（從寺院取下時進行的消除魂魄儀式），魂魄還在其中，所以會活動。

原來如此，筆者再仔細一看，神像周圍發出強烈圓光，身體則隨圓光動而動，而且其圓光強弱與筆者眼睛發出的圓光強弱一致。

這算是超幻像的第一次體驗。

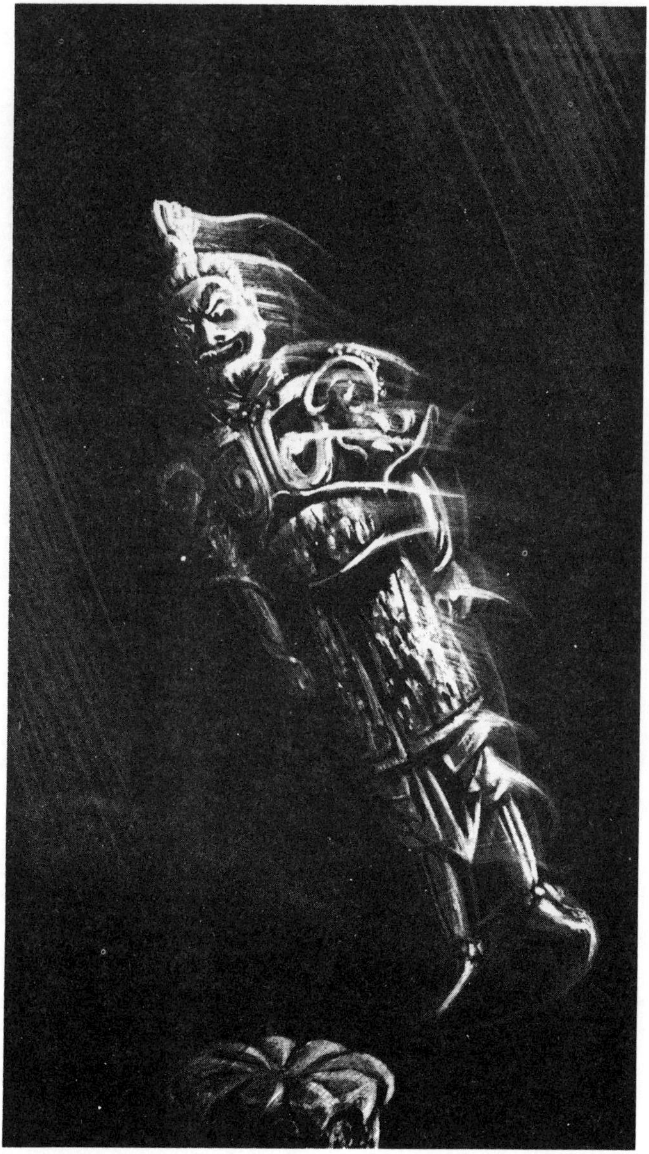

■使樹木或巨大石像動的體驗

此後我又試了幾次使樹木及其他石像動作。心裡想，那些像會不會自己動呢？

當筆者在附近公園練氣功時，遇到幾次這種經驗。當筆者運氣之後看樹木反應，結果在無風狀態下樹枝搖動了起來。

一開始以為是錯覺，但同行人多半也看到這種景象。

還有一次是與一位靈能者同遊新加坡印度寺院時的經驗。

筆者一面敍述有關超幻像之事，一面告訴他在台灣使石神像動的體驗。興之所致，隨手指著眼前神像表示也許它也會動。

那是二公尺高的二尊手持武器女神像，護衛於本尊神像之兩旁。在台灣遇到的高數十公分石神像，當然無法和這相比。

但既然說出口，怎可不試一試呢？於是我從距離十公尺遠處發氣，想像它動的樣子。

左側那尊像一動也不動，但右側那尊則輕輕地動起來了，最後更向筆者示威，好像手持武器朝這方向進攻的模樣。

筆者畏懼之餘停止送氣，於是神像好像什麼事也沒有地恢復原來的姿態。

當我們回到新加坡友人宿舍後，此神像的靈魂也跟隨而至，詢問筆者為什麼這麼做？筆者表示絕無惡意，並深深致歉後才了事，但實際上已經捏了一把冷汗。

這算是一個教訓，讓我知道神佛像不可亂動，如果實行者的氣較弱，或目的不純正，也許就會發生一些不好的事，不得不注意。

★

其實方法不難，只要從眼睛發氣（圓光），加上強烈意識力，就可以讓它動起來。以圓光照射目標物，當圓光輕輕移動時，目標物便會順勢動了起來。

使空間扭曲的超常狀態出現

如果你已經學會前述超幻像後，那你可說是超人一等的靈異人士了，只要你想做，不管多麼神奇不可思議的事都能做到。

例如，讓他人看見超自然現象，或使空間扭曲等奇妙現象。

筆者並沒有練習此技巧的意識，但等他人指出時，才發現自己不知不覺已經會了。

■使空間扭曲的體驗

最初指出此事實的是，町田小姐與學習仙道的女大學生西脇小姐。

有一次他們二人前來學習仙道時，突然町田小姐望著筆者旁邊一・五公尺處的空間說道：

「真有趣！那裡的空間很有節奏地上下搖動。」

筆者一開始不知道她在說什麼，但她們表示看見那裡站著二位白煙似的人。

時間是下午三點左右，這種時間、這種亮度，那種東西應該不會出現啊！而筆者也沒有進行超幻像（即使有，在白晝也看不見），真奇妙。

町田小姐表示這種現象一直存在，筆者聞言想起石像動的經驗，難道也能控制此現象嗎？

「那麼，試試看讓這個房間扭曲！」

於是我以意識想像天花板下降、榻榻米浮起。

西脇小姐發出悲鳴：

「哇——好恐怖，房子縮小了，好難過。」

町田小姐反應雖然沒有那麼激烈，但也表示房屋變形感覺不舒服，於是筆者停止想像，她們二人才鬆了口氣恢復原狀。

■讓他人看見千變萬化姿態的體驗

第二次是在四國山中進行仙道合宿訓練時。平井先生表示曾在筆者家看見奇妙現象，他是精於仙道與密宗的青年，也示範過體外脫離，相當具有實力。

他對筆者說道：

「幾年前造訪老師時，還以為被捉弄了。」

停了一會兒，又繼續說道：

「那時是大白天，但老師卻時大時小、忽遠忽近，一下像少年、一下又變老人、女人，千變萬化不知道哪一個才是真的？」

「另外房間也很奇妙，只有四坪半，站著聽訓練說明，但被碰一下就好像往下至很遠的地方，而且房子本身會伸縮。

當然，奇怪的還不只是在老師家的情形。夜晚，老師送我到附近車站時，也發生不可思議的事。走著走著，老師的身影突然不見了，只聽見聲音，而且聲音聽起來時近時遠，雖然當時街道商店還亮著燈，但這種現象沿路持續，當時我心裡想：老師真的是人嗎？」

聽了他的敍述，筆者反而嚇了一大跳，從以前的町田小姐到現在的平井先生，這不是證明筆者在他人眼中已經不是普通人了嗎？

筆者除了修行仙道之外，並沒有進行其他的怪異荒誕之訓練，怎麼會這樣呢？當然，在進行超幻像時，可以利用意識使他人看見奇妙事物，但本身始終維持普通意識狀態，所見空間也絲毫沒變，難道是幻覺？

但從他們所言，推斷又非如此，描述得有如現實看到的現象。

既然不只一個人這麼說，不仔細思考一番也不行。自己在進行仙道瞑想時，始終處於不可思議的意識狀態中，例如，自己是個充滿智慧的老者、是個感情豐富的女性等等。

這些現象並不會造成日常生活任何具體變化，但夜晚夢裡，這些幻像就會成形現象化，也就是這些人真實出現的狀態。

即使那只是單純筆者的意識世界，但表裡相映的結果，便使他人看見此實際現象。

★

這種現象是自然發生，並無特別訓練法，所以無法具體描述方法，但不管怎麽說，最重要的還是意識強烈集中（想像這是真實狀態）。

使自己消失在虛空中的體驗與技巧

這是使自己在人前消失的技術，中國稱為隱形術或遁甲術。仙道還有還虛之行的階段，看起來類似，但目的卻不同。

前者是暫時性消失，意識還在。後者為完全消滅，連意識也被消滅。

即使兩者有差別，但基本上都是使用超幻像技術，所以，筆者將在所知範圍內介紹其實態。

■調節圓光使自己消失的方法

老實說，筆者自己也沒感覺進行隱身術，是旁人指出後自己才知道的。

而最初有自覺此現象，是在之前平井先生訴說有關筆者奇妙體驗的那一晚。

那一夜，筆者集合衆人進行圓光視開發實驗。照例利用色紙進行圓光視開發實驗，當大家都看見圓光後，便熄燈進行看各人圓光的訓練。

出席者各個看著自己的身體外圍圓光放出光芒，莫不沈醉其中，彷彿達到忘我境界。

過一會兒，筆者讓他們看我的圓光，他們更是驚訝於那強烈光芒與特異形狀。

練過氣功的人，圓光光芒通常為常人的數倍，寬度也多三、四倍。修練過大周天的人，更能從頭頂朝天發射出好像一根柱子的光芒。

就在他們仔細看筆者圓光時，突然「哇——」地驚聲四起，然後「消失了」、「真的不見了」的聲音此起彼落。

筆者不解地詢問怎麼回事?其中一人回答：

「老師不見了！」

怎麼有這種事呢?我請他們再仔細看，並且站起來，數人同時叫道：

「真的，老師不見了！」

於是實驗中斷，請他們詳述所見，他們回答：

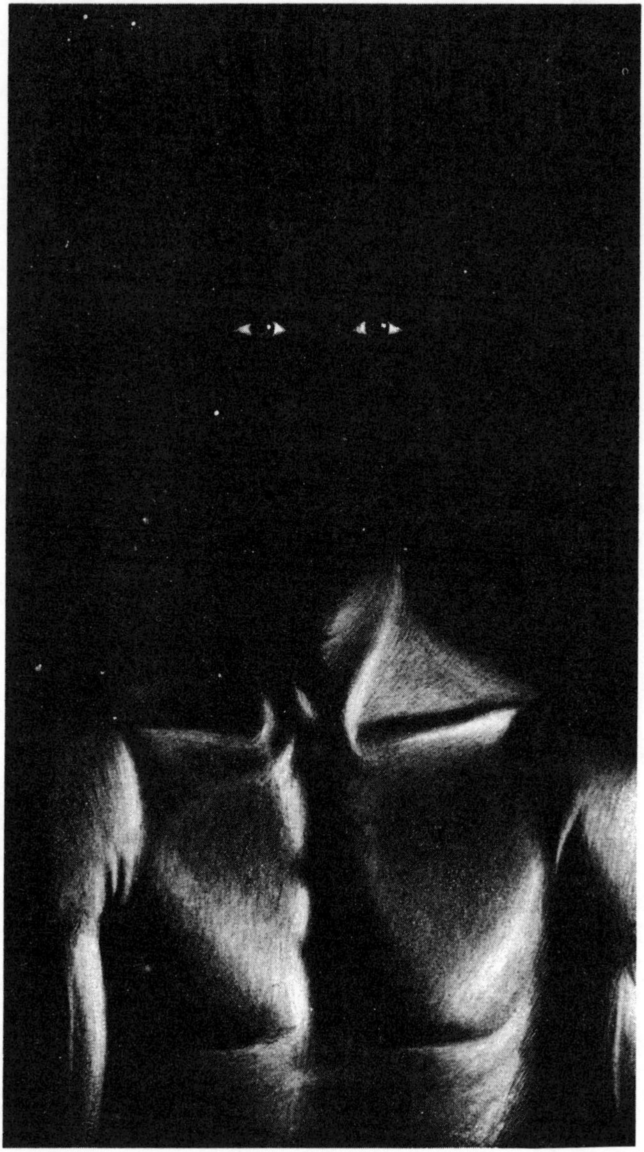

「一般人的圓光只是單純擴大，但老師的圓光卻時而擴大，時而縮小，接下來一瞬間就不見了，當時空間很暗，老師就消失在黑暗中。」

在這之前，筆者根本不知道自己的圓光如何變化，聞言反而吃了一驚，但這也令我注意到，只要善加調整圓光，就能達到此地步。

往後也實際做了幾次。

有一次和靜岡縣三島先生一起到長岡溫泉，隨行的還有渡邊先生。筆者先示範超幻像後，接著調節圓光，試著將手、臉依序消失。

結果成功了，當圓光縮至極小時，手從手指開始消失，最後整雙手完全消失在空間；臉部則從眼、鼻等臉部特徵先消失，最後整張臉都不見了。

渡邊先生看慣了超幻像，並不特別感到驚訝；但三島先生就不同了，他瞪大眼睛一副難以置信的模樣。為了確認，筆者將手靠近他的眼前讓他仔細觀察，但他什麼也沒看見，不得不由衷讚嘆：「真是隱身術吔！」

■使身體在白天消失於虛空中的技巧

像這樣練習調整圓光，不久之後，你也可以在白天或光亮場所使自己消失。這當然比夜間困難，必須累積相當修行才可。

筆者有此自覺是在進行仙道還虛之行時，還虛為出神的更深一層，使肉體氣化的程度與製造陽神同水準，最後則在虛空中消失。

本來修練仙道至此地步時，已經忙於寫書，無力完成至最後。

但有一天卻有人告訴我，我做到了。以下就敍述當時情況供各位參考。

有一天召集七、八人至東京杉並區的濱田山，進行仙道講習會，前奏結束之後，進行圓光視訓練，時間是下午三～四點，太陽尚未西沈。

一開始，筆者站在房間一角，伸出手在陽光照射下詢問他們是否看得見。

這時候有人表示，筆者的手指放出黑線狀一直延伸至遠處。

筆者為了讓大家看得更清楚，於是開始調節圓光。

有幾個人說：「咦！手指不見了。」

筆者自己也盯著手看，真的看不見手指第二關節以下部分。

筆者再繼續調整圓光，手指消失部分更多了，由於進行得很順利，於是試著調整臉部圓光。

漸漸地，眼睛消失、鼻子消失，周圍一陣騷動，最後在衆人目擊下，臉部全消失了。

雖是大白天，但筆者本身覺得不太舒服，所以中止此實驗。

事後詢問在場者當時情況，他們表示臉部輪廓漸漸模糊，最後則看不出臉在哪裡？

其實那段期間常常一個人獨處時，會覺得身體好像在空間消失了，但都沒有旁觀者在場，自己以為那只是一種感覺而已，沒想到真的是事實。

★

隱身術的訣竅在於強化氣及圓光，並且利用意識調節（擴張至極大、縮小至極小），最好與消失意識同時併行，否則即使你隱身了，也會立刻還原。依筆者親身經驗，意識中止時間愈長，隱身的時間就愈長，請各位牢記此重點努力自修。

後記

本書是筆者經驗的超幻像各種技巧，網羅範圍之廣包括了圓光開發、一切超能力應用，以及咒術的最深奧秘，可謂包羅萬象。

但不能斷言這就是超幻像的全貌，筆者只是盡力帶領各位有志者一層一層地深入探討。這個世界範圍無限，超幻像也與人廣大的意識領域緊密相連。

總而言之，藉由各人的意識力，有可能出現無數超幻像應用，筆者介紹的方法不過是大海之一滴罷了。

依筆者經驗而言，幻術、咒術只要利用意識與超幻像的明滅（出現與消滅），不論任何人均可達成。怎麼說呢？因為當訓練至某階段後，意識與這個現實世界就成了另一個相連空間。

此現象有數例可證明。

例如，筆者運用開眼法使鮮明光點出現，並隨意使之消滅，這對自己而言，看來是光的明滅，但其明滅的樣子其他人也可看見。

另外，筆者從眼睛發出氣（眼力），使他人身體圓光脫離，但眨眨眼睛的瞬間，那個人的圓光又重回身體，類似這種現象均有目共睹。

通常這種光景純粹只是當事人身上發生的事，但也能讓旁觀者看見。

從這項事實得知，當事人所見到的個人世界（主觀世界）與現實空間，只要運用超幻像，就可完全重疊（毫無區別）。

幻術師與咒術師所製造出的謎樣空間，說穿了就是這樣，就是讓他人捲入自己看見的意識空間裡。

總之，藉著超幻像這種不可思議技術的開發，一般人就有可能成為卓越超人，不要懷疑，人類的可能性就是如此偉大。

只要你依本書練習，便可往超人世界邁進一大步。

本書是以著眼於比『秘法！超級仙術入門』、『驚異超人氣功法』等仙道、氣功法更上層階段之目標者為對象，其程度屬於筆者體系中的最高奧秘（之上還有一項，目前不談）。

雖然程度深，但內容卻極簡單，也許稱得上是市面上神秘書籍中最容易的。

筆者希望修習仙道、氣功法之外的人，也能學習超幻像，並藉此邁向仙道之途。

祈願讀者修行成功——

高藤聰一郎

大展出版社有限公司	圖書目錄
地址：台北市北投區11204 致遠一路二段12巷1號 郵撥： 0166955～1	電話：(02) 8236031 8236033 傳眞：(02) 8272069

•法律專欄連載•電腦編號 58

台大法學院 法律學系／策劃
法律服務社／編著

①別讓您的權利睡著了1	200元
②別讓您的權利睡著了2	200元

•秘傳占卜系列•電腦編號 14

①手相術	淺野八郎著	150元
②人相術	淺野八郎著	150元
③西洋占星術	淺野八郎著	150元
④中國神奇占卜	淺野八郎著	150元
⑤夢判斷	淺野八郎著	150元
⑥前世、來世占卜	淺野八郎著	150元
⑦法國式血型學	淺野八郎著	150元
⑧靈感、符咒學	淺野八郎著	150元
⑨紙牌占卜學	淺野八郎著	150元
⑩ＥＳＰ超能力占卜	淺野八郎著	150元
⑪猶太數的秘術	淺野八郎著	150元
⑫新心理測驗	淺野八郎著	160元

•趣味心理講座•電腦編號 15

①性格測驗1	探索男與女	淺野八郎著	140元
②性格測驗2	透視人心奧秘	淺野八郎著	140元
③性格測驗3	發現陌生的自己	淺野八郎著	140元
④性格測驗4	發現你的真面目	淺野八郎著	140元
⑤性格測驗5	讓你們吃驚	淺野八郎著	140元
⑥性格測驗6	洞穿心理盲點	淺野八郎著	140元
⑦性格測驗7	探索對方心理	淺野八郎著	140元
⑧性格測驗8	由吃認識自己	淺野八郎著	140元
⑨性格測驗9	戀愛知多少	淺野八郎著	160元

⑩性格測驗10　由裝扮瞭解人心　淺野八郎著　140元
⑪性格測驗11　敲開內心玄機　淺野八郎著　140元
⑫性格測驗12　透視你的未來　淺野八郎著　140元
⑬血型與你的一生　淺野八郎著　160元
⑭趣味推理遊戲　淺野八郎著　160元
⑮行爲語言解析　淺野八郎著　160元

・婦 幼 天 地・電腦編號 16

①八萬人減肥成果　黃靜香譯　180元
②三分鐘減肥體操　楊鴻儒譯　150元
③窈窕淑女美髮秘訣　柯素娥譯　130元
④使妳更迷人　成　玉譯　130元
⑤女性的更年期　官舒妍編譯　160元
⑥胎內育兒法　李玉瓊編譯　150元
⑦早產兒袋鼠式護理　唐岱蘭譯　200元
⑧初次懷孕與生產　婦幼天地編譯組　180元
⑨初次育兒12個月　婦幼天地編譯組　180元
⑩斷乳食與幼兒食　婦幼天地編譯組　180元
⑪培養幼兒能力與性向　婦幼天地編譯組　180元
⑫培養幼兒創造力的玩具與遊戲　婦幼天地編譯組　180元
⑬幼兒的症狀與疾病　婦幼天地編譯組　180元
⑭腿部苗條健美法　婦幼天地編譯組　180元
⑮女性腰痛別忽視　婦幼天地編譯組　150元
⑯舒展身心體操術　李玉瓊編譯　130元
⑰三分鐘臉部體操　趙薇妮著　160元
⑱生動的笑容表情術　趙薇妮著　160元
⑲心曠神怡減肥法　川津祐介著　130元
⑳內衣使妳更美麗　陳玄茹譯　130元
㉑瑜伽美姿美容　黃靜香編著　150元
㉒高雅女性裝扮學　陳珮玲譯　180元
㉓蠶糞肌膚美顏法　坂梨秀子著　160元
㉔認識妳的身體　李玉瓊譯　160元
㉕產後恢復苗條體態　居理安・芙萊喬著　200元
㉖正確護髮美容法　山崎伊久江著　180元
㉗安琪拉美姿養生學　安琪拉蘭斯博瑞著　180元
㉘女體性醫學剖析　增田豐著　220元
㉙懷孕與生產剖析　岡部綾子著　180元
㉚斷奶後的健康育兒　東城百合子著　220元
㉛引出孩子幹勁的責罵藝術　多湖輝著　170元
㉜培養孩子獨立的藝術　多湖輝著　170元

㉝子宮肌瘤與卵巢囊腫	陳秀琳編著	180元
㉞下半身減肥法	納他夏・史達賓著	180元
㉟女性自然美容法	吳雅菁編著	180元
㊱再也不發胖	池園悅太郎著	170元
㊲生男生女控制術	中垣勝裕著	220元
㊳使妳的肌膚更亮麗	楊　皓編著	170元

・青 春 天 地・電腦編號 17

①A血型與星座	柯素娥編譯	120元
②B血型與星座	柯素娥編譯	120元
③O血型與星座	柯素娥編譯	120元
④AB血型與星座	柯素娥編譯	120元
⑤青春期性教室	呂貴嵐編譯	130元
⑥事半功倍讀書法	王毅希編譯	150元
⑦難解數學破題	宋釗宜編譯	130元
⑧速算解題技巧	宋釗宜編譯	130元
⑨小論文寫作秘訣	林顯茂編譯	120元
⑪中學生野外遊戲	熊谷康編著	120元
⑫恐怖極短篇	柯素娥編譯	130元
⑬恐怖夜話	小毛驢編譯	130元
⑭恐怖幽默短篇	小毛驢編譯	120元
⑮黑色幽默短篇	小毛驢編譯	120元
⑯靈異怪談	小毛驢編譯	130元
⑰錯覺遊戲	小毛驢編譯	130元
⑱整人遊戲	小毛驢編著	150元
⑲有趣的超常識	柯素娥編譯	130元
⑳哦！原來如此	林慶旺編譯	130元
㉑趣味競賽100種	劉名揚編譯	120元
㉒數學謎題入門	宋釗宜編譯	150元
㉓數學謎題解析	宋釗宜編譯	150元
㉔透視男女心理	林慶旺編譯	120元
㉕少女情懷的自白	李桂蘭編譯	120元
㉖由兄弟姊妹看命運	李玉瓊編譯	130元
㉗趣味的科學魔術	林慶旺編譯	150元
㉘趣味的心理實驗室	李燕玲編譯	150元
㉙愛與性心理測驗	小毛驢編譯	130元
㉚刑案推理解謎	小毛驢編譯	130元
㉛偵探常識推理	小毛驢編譯	130元
㉜偵探常識解謎	小毛驢編譯	130元
㉝偵探推理遊戲	小毛驢編譯	130元

㉞趣味的超魔術	廖玉山編著	150元
㉟趣味的珍奇發明	柯素娥編著	150元
㊱登山用具與技巧	陳瑞菊編著	150元

・健康天地・電腦編號18

①壓力的預防與治療	柯素娥編譯	130元
②超科學氣的魔力	柯素娥編譯	130元
③尿療法治病的神奇	中尾良一著	130元
④鐵證如山的尿療法奇蹟	廖玉山譯	120元
⑤一日斷食健康法	葉慈容編譯	150元
⑥胃部強健法	陳炳崑譯	120元
⑦癌症早期檢查法	廖松濤譯	160元
⑧老人痴呆症防止法	柯素娥編譯	130元
⑨松葉汁健康飲料	陳麗芬編譯	130元
⑩揉肚臍健康法	永井秋夫著	150元
⑪過勞死、猝死的預防	卓秀貞編譯	130元
⑫高血壓治療與飲食	藤山順豐著	150元
⑬老人看護指南	柯素娥編譯	150元
⑭美容外科淺談	楊啟宏著	150元
⑮美容外科新境界	楊啟宏著	150元
⑯鹽是天然的醫生	西英司郎著	140元
⑰年輕十歲不是夢	梁瑞麟譯	200元
⑱茶料理治百病	桑野和民著	180元
⑲綠茶治病寶典	桑野和民著	150元
⑳杜仲茶養顏減肥法	西田博著	150元
㉑蜂膠驚人療效	瀨長良三郎著	150元
㉒蜂膠治百病	瀨長良三郎著	180元
㉓醫藥與生活	鄭炳全著	180元
㉔鈣長生寶典	落合敏著	180元
㉕大蒜長生寶典	木下繁太郎著	160元
㉖居家自我健康檢查	石川恭三著	160元
㉗永恒的健康人生	李秀鈴譯	200元
㉘大豆卵磷脂長生寶典	劉雪卿譯	150元
㉙芳香療法	梁艾琳譯	160元
㉚醋長生寶典	柯素娥譯	180元
㉛從星座透視健康	席拉・吉蒂斯著	180元
㉜愉悅自在保健學	野本二士夫著	160元
㉝裸睡健康法	丸山淳士等著	160元
㉞糖尿病預防與治療	藤田順豐著	180元
㉟維他命長生寶典	菅原明子著	180元

㊱維他命C新效果	鐘文訓編	150元
㊲手、腳病理按摩	堤芳朗著	160元
㊳AIDS瞭解與預防	彼得塔歇爾著	180元
㊴甲殼質殼聚糖健康法	沈永嘉譯	160元
㊵神經痛預防與治療	木下眞男著	160元
㊶室內身體鍛鍊法	陳炳崑編著	160元
㊷吃出健康藥膳	劉大器編著	180元
㊸自我指壓術	蘇燕謀編著	160元
㊹紅蘿蔔汁斷食療法	李玉瓊編著	150元
㊺洗心術健康秘法	竺翠萍編譯	170元
㊻枇杷葉健康療法	柯素娥編譯	180元
㊼抗衰血癒	楊啟宏著	180元
㊽與癌搏鬥記	逸見政孝著	180元
㊾冬蟲夏草長生寶典	高橋義博著	170元
㊿痔瘡・大腸疾病先端療法	宮島伸宜著	180元
51膠布治癒頑固慢性病	加瀨建造著	180元
52芝麻神奇健康法	小林貞作著	170元
53香煙能防止癡呆？	高田明和著	180元
54穀菜食治癌療法	佐藤成志著	180元
55貼藥健康法	松原英多著	180元
56克服癌症調和道呼吸法	帶津良一著	180元
57Ｂ型肝炎預防與治療	野村喜重郎著	180元
58青春永駐養生導引術	早島正雄著	180元
59改變呼吸法創造健康	原久子著	180元
60荷爾蒙平衡養生秘訣	出村博著	180元
61水美肌健康法	井戶勝富著	170元
62認識食物掌握健康	廖梅珠編著	170元
63痛風劇痛消除法	鈴木吉彥著	180元
64酸莖菌驚人療效	上田明彥著	180元
65大豆卵磷脂治現代病	神津健一著	200元
66時辰療法——危險時刻凌晨4時	呂建強等著	元
67自然治癒力提升法	帶津良一著	元
68巧妙的氣保健法	藤平墨子著	元

•實用女性學講座• 電腦編號 19

①解讀女性內心世界	島田一男著	150元
②塑造成熟的女性	島田一男著	150元
③女性整體裝扮學	黃靜香編著	180元
④女性應對禮儀	黃靜香編著	180元

• 校 園 系 列 • 電腦編號 20

①讀書集中術	多湖輝著	150元
②應考的訣竅	多湖輝著	150元
③輕鬆讀書贏得聯考	多湖輝著	150元
④讀書記憶秘訣	多湖輝著	150元
⑤視力恢復！超速讀術	江錦雲譯	180元
⑥讀書36計	黃柏松編著	180元
⑦驚人的速讀術	鐘文訓編著	170元
⑧學生課業輔導良方	多湖輝著	170元

• 實用心理學講座 • 電腦編號 21

①拆穿欺騙伎倆	多湖輝著	140元
②創造好構想	多湖輝著	140元
③面對面心理術	多湖輝著	160元
④偽裝心理術	多湖輝著	140元
⑤透視人性弱點	多湖輝著	140元
⑥自我表現術	多湖輝著	150元
⑦不可思議的人性心理	多湖輝著	150元
⑧催眠術入門	多湖輝著	150元
⑨責罵部屬的藝術	多湖輝著	150元
⑩精神力	多湖輝著	150元
⑪厚黑說服術	多湖輝著	150元
⑫集中力	多湖輝著	150元
⑬構想力	多湖輝著	150元
⑭深層心理術	多湖輝著	160元
⑮深層語言術	多湖輝著	160元
⑯深層說服術	多湖輝著	180元
⑰掌握潛在心理	多湖輝著	160元
⑱洞悉心理陷阱	多湖輝著	180元
⑲解讀金錢心理	多湖輝著	180元
⑳拆穿語言圈套	多湖輝著	180元
㉑語言的心理戰	多湖輝著	180元

• 超現實心理講座 • 電腦編號 22

①超意識覺醒法	詹蔚芬編譯	130元
②護摩秘法與人生	劉名揚編譯	130元
③秘法！超級仙術入門	陸　明譯	150元

④給地球人的訊息	柯素娥編著	150元
⑤密教的神通力	劉名揚編著	130元
⑥神秘奇妙的世界	平川陽一著	180元
⑦地球文明的超革命	吳秋嬌譯	200元
⑧力量石的秘密	吳秋嬌譯	180元
⑨超能力的靈異世界	馬小莉譯	200元
⑩逃離地球毀滅的命運	吳秋嬌譯	200元
⑪宇宙與地球終結之謎	南山宏著	200元
⑫驚世奇功揭秘	傅起鳳著	200元
⑬啟發身心潛力心象訓練法	栗田昌裕著	180元
⑭仙道術遁甲法	高藤聰一郎著	220元
⑮神通力的秘密	中岡俊哉著	180元
⑯仙人成仙術	高藤聰一郎著	200元
⑰仙道符咒氣功法	高藤聰一郎著	220元
⑱仙道風水術尋龍法	高藤聰一郎著	200元
⑲仙道奇蹟超幻像	高藤聰一郎著	200元
⑳仙道鍊金術房中法	高藤聰一郎著	200元

•養 生 保 健•電腦編號23

①醫療養生氣功	黃孝寬著	250元
②中國氣功圖譜	余功保著	230元
③少林醫療氣功精粹	井玉蘭著	250元
④龍形實用氣功	吳大才等著	220元
⑤魚戲增視強身氣功	宮　嬰著	220元
⑥嚴新氣功	前新培金著	250元
⑦道家玄牝氣功	張　章著	200元
⑧仙家秘傳袪病功	李遠國著	160元
⑨少林十大健身功	秦慶豐著	180元
⑩中國自控氣功	張明武著	250元
⑪醫療防癌氣功	黃孝寬著	250元
⑫醫療強身氣功	黃孝寬著	250元
⑬醫療點穴氣功	黃孝寬著	250元
⑭中國八卦如意功	趙維漢著	180元
⑮正宗馬禮堂養氣功	馬禮堂著	420元
⑯秘傳道家筋經內丹功	王慶餘著	280元
⑰三元開慧功	辛桂林著	250元
⑱防癌治癌新氣功	郭　林著	180元
⑲禪定與佛家氣功修煉	劉天君著	200元
⑳顛倒之術	梅自強著	360元
㉑簡明氣功辭典	吳家駿編	元

㉒八卦三合功	張全亮著	230元

・社會人智囊・電腦編號 24

①糾紛談判術	清水增三著	160元
②創造關鍵術	淺野八郎著	150元
③觀人術	淺野八郎著	180元
④應急詭辯術	廖英迪編著	160元
⑤天才家學習術	木原武一著	160元
⑥猫型狗式鑑人術	淺野八郎著	180元
⑦逆轉運掌握術	淺野八郎著	180元
⑧人際圓融術	澀谷昌三著	160元
⑨解讀人心術	淺野八郎著	180元
⑩與上司水乳交融術	秋元隆司著	180元
⑪男女心態定律	小田晉著	180元
⑫幽默說話術	林振輝編著	200元
⑬人能信賴幾分	淺野八郎著	180元
⑭我一定能成功	李玉瓊譯	180元
⑮獻給青年的嘉言	陳蒼杰譯	180元
⑯知人、知面、知其心	林振輝編著	180元
⑰塑造堅強的個性	坂上肇著	180元
⑱為自己而活	佐藤綾子著	180元
⑲未來十年與愉快生活有約	船井幸雄著	180元

・精 選 系 列・電腦編號 25

①毛澤東與鄧小平	渡邊利夫等著	280元
②中國大崩裂	江戶介雄著	180元
③台灣・亞洲奇蹟	上村幸治著	220元
④7-ELEVEN高盈收策略	國友隆一著	180元
⑤台灣獨立	森　詠著	200元
⑥迷失中國的末路	江戶雄介著	220元
⑦2000年5月全世界毀滅	紫藤甲子男著	180元
⑧失去鄧小平的中國	小島朋之著	220元

・運 動 遊 戲・電腦編號 26

①雙人運動	李玉瓊譯	160元
②愉快的跳繩運動	廖玉山譯	180元
③運動會項目精選	王佑京譯	150元
④肋木運動	廖玉山譯	150元

⑤測力運動	王佑宗譯	150元

•休閒娛樂• 電腦編號 27

①海水魚飼養法	田中智浩著	300元
②金魚飼養法	曾雪玫譯	250元

•銀髮族智慧學• 電腦編號 28

①銀髮六十樂逍遙	多湖輝著	170元
②人生六十反年輕	多湖輝著	170元
③六十歲的決斷	多湖輝著	170元

•飲食保健• 電腦編號 29

①自己製作健康茶	大海淳著	220元
②好吃、具藥效茶料理	德永睦子著	220元
③改善慢性病健康茶	吳秋嬌譯	200元

•家庭醫學保健• 電腦編號 30

①女性醫學大全	雨森良彥著	380元
②初爲人父育兒寶典	小瀧周曹著	220元
③性活力強健法	相建華著	200元
④30歲以上的懷孕與生產	李芳黛編著	元

•心靈雅集• 電腦編號 00

①禪言佛語看人生	松濤弘道著	180元
②禪密教的奧秘	葉逯謙譯	120元
③觀音大法力	田口日勝著	120元
④觀音法力的大功德	田口日勝著	120元
⑤達摩禪106智慧	劉華亭編譯	220元
⑥有趣的佛教研究	葉逯謙編譯	170元
⑦夢的開運法	蕭京凌譯	130元
⑧禪學智慧	柯素娥編譯	130元
⑨女性佛教入門	許俐萍譯	110元
⑩佛像小百科	心靈雅集編譯組	130元
⑪佛教小百科趣談	心靈雅集編譯組	120元
⑫佛教小百科漫談	心靈雅集編譯組	150元
⑬佛教知識小百科	心靈雅集編譯組	150元

⑭佛學名言智慧	松濤弘道著	220元
⑮釋迦名言智慧	松濤弘道著	220元
⑯活人禪	平田精耕著	120元
⑰坐禪入門	柯素娥編譯	150元
⑱現代禪悟	柯素娥編譯	130元
⑲道元禪師語錄	心靈雅集編譯組	130元
⑳佛學經典指南	心靈雅集編譯組	130元
㉑何謂「生」 阿含經	心靈雅集編譯組	150元
㉒一切皆空 般若心經	心靈雅集編譯組	150元
㉓超越迷惘 法句經	心靈雅集編譯組	130元
㉔開拓宇宙觀 華嚴經	心靈雅集編譯組	130元
㉕真實之道 法華經	心靈雅集編譯組	130元
㉖自由自在 涅槃經	心靈雅集編譯組	130元
㉗沈默的教示 維摩經	心靈雅集編譯組	150元
㉘開通心眼 佛語佛戒	心靈雅集編譯組	130元
㉙揭秘寶庫 密教經典	心靈雅集編譯組	130元
㉚坐禪與養生	廖松濤譯	110元
㉛釋尊十戒	柯素娥編譯	120元
㉜佛法與神通	劉欣如編著	120元
㉝悟（正法眼藏的世界）	柯素娥編譯	120元
㉞只管打坐	劉欣如編著	120元
㉟喬答摩・佛陀傳	劉欣如編著	120元
㊱唐玄奘留學記	劉欣如編著	120元
㊲佛教的人生觀	劉欣如編譯	110元
㊳無門關（上卷）	心靈雅集編譯組	150元
㊴無門關（下卷）	心靈雅集編譯組	150元
㊵業的思想	劉欣如編著	130元
㊶佛法難學嗎	劉欣如著	140元
㊷佛法實用嗎	劉欣如著	140元
㊸佛法殊勝嗎	劉欣如著	140元
㊹因果報應法則	李常傳編	140元
㊺佛教醫學的奧秘	劉欣如編著	150元
㊻紅塵絕唱	海 若著	130元
㊼佛教生活風情	洪丕謨、姜玉珍著	220元
㊽行住坐臥有佛法	劉欣如著	160元
㊾起心動念是佛法	劉欣如著	160元
㊿四字禪語	曹洞宗青年會	200元
51妙法蓮華經	劉欣如編著	160元
52根本佛教與大乘佛教	葉作森編	180元
53大乘佛經	定方晟著	180元
54須彌山與極樂世界	定方晟著	180元

㊺阿闍世的悟道	定方晟著	180元
㊻金剛經的生活智慧	劉欣如著	180元

・經　營　管　理・電腦編號 01

◎創新經營管理六十六大計（精）	蔡弘文編	780元
①如何獲取生意情報	蘇燕謀譯	110元
②經濟常識問答	蘇燕謀譯	130元
④台灣商戰風雲錄	陳中雄著	120元
⑤推銷大王秘錄	原一平著	180元
⑥新創意・賺大錢	王家成譯	90元
⑦工廠管理新手法	琪　輝著	120元
⑨經營參謀	柯順隆譯	120元
⑩美國實業24小時	柯順隆譯	80元
⑪撼動人心的推銷法	原一平著	150元
⑫高竿經營法	蔡弘文編	120元
⑬如何掌握顧客	柯順隆譯	150元
⑭一等一賺錢策略	蔡弘文編	120元
⑯成功經營妙方	鐘文訓著	120元
⑰一流的管理	蔡弘文編	150元
⑱外國人看中韓經濟	劉華亭譯	150元
⑳突破商場人際學	林振輝編著	90元
㉑無中生有術	琪輝編著	140元
㉒如何使女人打開錢包	林振輝編著	100元
㉓操縱上司術	邑井操著	90元
㉔小公司經營策略	王嘉誠著	160元
㉕成功的會議技巧	鐘文訓編譯	100元
㉖新時代老闆學	黃柏松編著	100元
㉗如何創造商場智囊團	林振輝編譯	150元
㉘十分鐘推銷術	林振輝編譯	180元
㉙五分鐘育才	黃柏松編譯	100元
㉚成功商場戰術	陸明編譯	100元
㉛商場談話技巧	劉華亭編譯	120元
㉜企業帝王學	鐘文訓譯	90元
㉝自我經濟學	廖松濤編譯	100元
㉞一流的經營	陶田生編著	120元
㉟女性職員管理術	王昭國編譯	120元
㊱ＩＢＭ的人事管理	鐘文訓編譯	150元
㊲現代電腦常識	王昭國編譯	150元
㊳電腦管理的危機	鐘文訓編譯	120元
㊴如何發揮廣告效果	王昭國編譯	150元

國家圖書館出版品預行編目資料

仙道奇蹟超幻像／高藤聰一郎著；李芳黛譯，
——初版——臺北市，大展，民86
面；　公分——（超現實心靈雅集；19）
譯自：超能力仙道最奧義奇跡のスーパービジョン
ISBN 957-557-669-1（平裝）

1. 超心理學

175.9　　　　86000178

仙道奇蹟超幻像　　ISBN 957-557-669-1

原著者／高藤聰一郎
編譯者／李　芳　黛
發行人／蔡　森　明
出版者／大展出版社有限公司
社　址／台北市北投區（石牌）致遠一路二段12巷1號
電　話／(02) 8236031・8236033
傳　眞／(02) 8272069
郵政劃撥／0166955－1
登記證／局版臺業字第2171號
承印者／國順圖書印刷公司
裝　訂／嶸興裝訂有限公司
排版者／千兵企業有限公司
電　話／(02) 8812643
初　版／1997年（民86年）2月

定　價／200元

大展好書 好書大展

大展好書 好書大展